中國徽墨藝術

2021 年度教育部人文社会科学研究规划项目

项目批准号：21YJA760072

『徽墨技艺传承与创新发展研究』成果

吴 蓉 著

U0721449

时代出版传媒股份有限公司

安徽科学技术出版社

图书在版编目(CIP)数据

中国徽墨艺术 / 吴蓉著. --合肥:安徽科学技术出版社,2024.2
ISBN 978-7-5337-8584-0

Ⅰ.①中… Ⅱ.①吴… Ⅲ.①墨-文化-中国 Ⅳ.①K875.4

中国版本图书馆 CIP 数据核字(2022)第 007711 号

ZHONGGUO HUIMO YISHU

中国徽墨艺术

吴 蓉 著

出版人:王筱文   选题策划:田 斌   责任编辑:田 斌 吴 夙
责任校对:张 枫   责任印制:李伦洲   装帧设计:朱嫣然
出版发行:安徽科学技术出版社   http://www.ahstp.net
(合肥市政务文化新区翡翠路 1118 号出版传媒广场,邮编:230071)
电话:(0551)63533330
印　　制:安徽新华印刷股份有限公司   电话:(0551)65859178
(如发现印装质量问题,影响阅读,请与印刷厂商联系调换)

开本:787×1092   1/16   印张:11.25   字数:240 千
版次:2024 年 2 月第 1 版   2024 年 2 月第 1 次印刷

ISBN 978-7-5337-8584-0   定价:98.00 元

作者简介

　　吴蓉，任教于安徽农业大学林学与园林学院艺术设计系，副教授、硕士研究生导师。主要从事艺术设计和文化遗产保护研究。曾出版专著一部、编著两部，主编本专业全日制本科规划教材两部。主持 2021 年度教育部人文社会科学研究规划项目"徽墨技艺传承与创新发展研究"；主持国家科技支撑计划子课题两项；主持安徽省高校人文社会科学研究重点项目一项；主持安徽省高校优秀青年人才基金项目一项。发表与徽文化相关的论文多篇。

徽墨是中国的文房四宝之一，因产自古徽州而具名。古徽州制墨名家辈出，自唐代起就形成全国制墨中心。在千年传承中，徽墨的使用范畴逐渐衍生出以墨为载体、能够表达丰富的价值取向与精神内涵的徽墨文化。一些制墨大师、艺术名家对徽墨在书法、绘画、雕刻等美学与艺术表现形式上高度重视，使徽墨不仅具有优良的墨品品质，还具有丰富的文化内涵，形成集诗词、书画、造型等艺术于一体的综合文化载体。

《中国徽墨艺术》结合徽州地域文化，从艺术学的角度进行探讨，内容包括徽墨的历史演变与发展，徽墨艺术设计文化意识成因，徽墨艺术的美学构成，徽墨艺术的文化解读，徽墨艺术的工艺之美，徽墨艺术的传承、保护与发展等；根据实物研究徽墨设计的艺术特点，探讨徽墨这一传统工艺的艺术价值。结合文献史料和实地考察，对徽墨的墨谱、墨模、墨家、墨品进行深入的阐释和研究，并附有大量徽墨产地、工艺、现状以及精品徽墨的珍贵图片，为徽墨的艺术设计研究与传统技艺保护工作提供参考。

本书是 2021 年度教育部人文社会科学研究规划项目"徽墨技艺传承与创新发展研究（21YJA760072）"成果。同时，国家科技支撑计划项目"文化遗产科学保护与展示关键技术研究与示范（2014BAK09B03）"为本书提供前期调研支持，使作者多次顺利完成在徽州地区的实地调查与研究。在此期间，安徽农业大学、歙县科技局、安徽省歙县老胡开文墨业有限公司、黄山市聚墨堂墨业有限公司、黄山市古城墨砚有限公司等高校、政府机构与徽墨生产企业对本书的出版提供了许多宝贵的调研支持与资料收集帮助，在此一并致谢！

吴蓉

目录

第一章

徽墨艺术的历史演变与发展

中国人书法绘画的艺术都会在"笔情墨趣"中得以升华，墨作为中国特有的手工业产品，是中国书画创作中不可或缺的载体。"墨"是一种碳素颜料，在《辞海》中被释义为"书画所用的黑色颜料"。回望"墨"绵延不断的数千年历史，它既被用作基本书写工具，也是在源远流长的中国历史文化中逐渐成熟的传统手工艺品之一，是中国历史文化发展潮流的一位弄潮儿。

第一节　墨的雏形

我国古代早期的墨可分为石墨、墨粒、墨饼、墨丸和成形墨块等形式。古代文献中关于墨的记载众多，但是具体起源于何时没有定论。

一、原始时期

近代考古学家发现我国最早在新石器时期就出现了墨。例如出土的彩陶装饰纹样中，会发现一种"墨"：原始先民使用燃烧植草的灰烬或于烧煮器具的底部获取碳粉，并用动物血液或脂肪进行调和。这可被看作是原始的墨，它产生的过程没有化学反应，且未经任何处理，是直接调和而形成的自然、简单和粗糙的黑色颜料，所以这种黑颜料还不能称为"墨"，只能将其称为"一般黑颜料"。1980 年，陕西临潼姜寨村一座半坡晚期类型的墓葬中，发现了使用原始墨的雏形，陪葬品中有一套绘画工具，包括石砚、数块黑色氧化锰矿石颜料、石磨棒、

图 1-1

1980 年陕西临潼姜寨村出土的仰韶文化时期的绘画工具

喇叭形灰陶水杯（图 1-1）。调查资料显示，该墓主人可能为从事制陶等手工业的工匠，通过研磨氧化锰矿石获取黑色颜料。

二、先秦时期

先秦时期是中国墨的形成时期。在距今三千多年的殷商时代，甲骨上出现的墨迹就已经说明了我们的祖先早已能熟练利用天然墨的性能进行书写、绘画。商代甲骨文曾于河南安阳殷墟出土，考古学家发现其不仅包括大量镌刻的文字，还有墨书、朱书的历史遗迹。其中朱砂书写出甲骨上的红色笔迹；而另一种黑色碳离子混合物与现代墨相近，书写出的则为甲骨文中的黑色笔迹。雏形时期的墨直接取材于自然物质，如烟炱、动植物分泌物、色土和有色矿石（煤、石墨）等。

第二节 早期人造墨

中国墨真正开始自我发展完善的时期为秦汉至南北朝时期，该时期的人造墨已经初步显现独特的魅力，其中多数以松烟为原料。

一、战国时期

战国时，人们已开始用墨在帛上书写绘画。明代黄一正《事物绀珠》记载："邢夷始制墨，字从黑土，煤烟所成，土之类也。"[1] 明代罗颀《物原》载："邢夷做墨，史籀始墨书于帛……舜做羊毫笔，秦蒙恬做兔毛笔，王羲之做鼠须笔，邢夷做松烟墨，奚廷珪做油烟墨。"[2] 表明西周时期已出现人工合成的墨。到了战国时期，墨仍处于初始阶段，与现在的墨有很大的不同。当时人们认为粉末状的墨使用与储存不便，就将墨制成丸状，用手捏合成不规则的圆球或圆柱。1975年12月，湖北云梦县战国末期的睡虎地4号秦墓，出土了一锭我国现有并已知的最早的人工制墨——秦代人造墨（图1-2）。此墨纯黑，圆径2.1厘米，残高1.2厘米，呈丸状，颗粒粗糙，具有一定的原始性，也是现已发掘的最早块状墨。这也就证明中国古代固定形状的墨丸最迟在秦代就已经出现了，即人造墨的历史可追溯到秦代或是更早的时期。

图 1-2

湖北云梦睡虎地秦墓出土的战国末期墨（丸状）

【1】黄一正. 事物绀珠：四库全书存目丛书（影印本）[M]. 山东：齐鲁书社，1995.

【2】罗颀. 物原 [M]. 北京：中华书局，1985.

二、西汉时期

　　墨在西汉前的很多形态都只是被制作成简单且体积较小的瓜子状、颗粒状等，由于制墨时均是随意捏制，所以无固定形状和大小。根据考古发掘的实物可知，此时的人造墨宽度一般在 1.5~2.5 厘米。墨的形状包括大小相似的圆饼形与类似圆柱状的丸形，正是墨丸与墨饼的出现启示我们，当时墨中已加入胶类物质。墨的发展中如果没有迈出与胶相互结合的这一步，也就没有后来墨的形态与书写上的变化。

　　1965 年，河南陕县（今三门峡市陕州区）刘家渠墓葬群出土东汉墨。此墨约呈圆柱状，径 1.5 厘米、2.3 厘米，残高3 厘米、1.8 厘米（图 1-3），出土报告记录墨的外表有手捏制痕，藏墨家尹润生认为，通过这些残墨可以推测，汉晋时期造墨所用块状素面墨锭是由简单的木模做成的。1983 年，广州南越王墓出土了石砚和形态大小相似的小圆形墨饼，直径0.81~1.31 厘米，厚 0.22~0.42 厘米（图 1-4）。这些墨书写

图 1-3

河南陕县刘家渠墓葬群出土的东汉墨

图 1-4

西汉早期墨"水墨小饼"（现藏于南越王博物馆）

图 1-5

西汉早期墨饼、石砚（现藏于南
越王博物馆，此时墨的体积较小，
需要用研石压住在砚上研磨）

的浓黑程度和使用方法与现代墨类似，且墨饼比墨丸更易于研
磨成液体。这些体积较小的墨饼需要用一同出土的研石将之在
石砚慢慢研磨成可供书写的液体墨（图 1-5）。

第三节　早期模制墨

一、东汉时期

东汉时期，陕西扶风（今陕西凤翔）、隃糜（今陕西千
阳）、延州（今陕西延安）成为早期模制墨的主要产地。汉
时在宫廷中设置了掌管笔、墨、纸以及封泥的专职官员。应
劭《汉官仪》载："尚书令、仆、丞、郎，月赐隃糜大墨一
枚，小墨一枚。"[1]足见当时隃糜制墨产量已较为稳定，技
艺已达到一定水平。因为是官用墨，产出的墨的质量有保证，
所以以隃糜所制的墨为珍贵，故将其命名为"隃糜墨"。

东汉时发明的墨模是模制墨技艺的开端。东汉时墨的形
态、大小、质量与文化内涵都有了较大的变化。由于书画艺

【1】应劭. 汉官仪：续古逸丛书
（影印本）[M]. 北京：商务印
书馆，1939.

术的兴盛、纸的发明以及毛笔的改进，开始出现一些体积偏大的墨，墨模的出现更是促进了后期墨形状大小的统一与标准化。1974年宁夏回族自治区固原县西郊出土的东汉松塔形墨，高6.2厘米，直径3厘米（图1-6）。该墨质黑细腻如漆，手感轻而致密，未龟裂，烟细胶清，如刚刚脱模的墨。墨身的松塔形花纹细腻清晰，已出现墨模雕刻纹样的雏形。考古学家将该墨的发现作为墨史上一个重大的发展。因为从人工制墨的出现，一直到东汉，墨的体积一直较小，需用研石压住在砚上研磨。该墨与之前的墨不同之处在于它可直接用手把握，无须另置研石，可直接在砚上研磨。直接将成型的墨锭在砚上研磨，改变了砚板加研石碾压研墨的方式，改变了墨的形态，砚的形态也相应地发生了较大变化。

图 1-6

东汉松塔形墨（现藏于中国国家博物馆）

二、三国时期

三国时期，墨的制作技艺已日渐成熟。晁贯之《墨经》记载：三国魏韦诞（仲将）制墨是用珍珠一两、麝香半两捣细后，合烟料下铁臼中捣三万杵。北魏贾思勰所著《齐民要术》中已较为详细地记载了墨的工艺制作方法，其中"合墨法"中载："好醇烟，捣讫，以细绢筛于缸内，筛去草莽，若细沙、尘埃。"[1] "合墨法"引入了以药入胶、杵捣宜多等新理论。

三、魏晋南北朝时期

魏晋时期墨的技术更加成熟，制作成本降低，这时的墨无论密度、质感等均比前代有极大提高，配料也越来越讲究，墨模的制作与使用已经普及。墨开始变成多形制的艺术品，不再只是简单的团状或柱状，由于墨面上的装饰还未出现，此时可将其称为"素面墨"。若将此时的素面墨与之前朝代的墨品进行对比，如三国东吴早期高荣墓出土呈圆柱形的墨（径3.5厘米，长9.5厘米）或晋吴应墓出土不规则形的墨（宽4~6厘米，长12.3厘米），此期墨的体积较之秦汉时明显增大，并出现明显的模印痕，这也能表明墨模制墨此时已经普遍，种种历史的痕迹都证明了墨模制墨的普及性。这一时期有些墨面开始有了较精致的纹路，如高荣墓墨上的叶脉纹。

此时墨形除圆形之外，还有螺形、机柽形，这两种形状在当时被称为"握子"。因制墨时，需用双手或单手团攥成天然握子状，或双手捆成两头尖、中间略粗的握子形。可以看出这

【1】贾思勰. 齐民要术 [M]. 北京：团结出版社，1996.

一时期墨的体积逐渐放大，能够直接用手握持研磨成墨汁，出土砚附有研石的现象逐渐消失。

南北朝时，有一说法为"南有庐山松墨，北有'易墨'初露"，制墨业不断扩大，开始由南方向北方延伸并发展。此时墨十分普及，无论是密度还是质感均比前代有较大提高，制墨家还尝试将各种珍贵原料合于墨中，改进了制墨工艺。墨中的配料越来越讲究，甚至奢华，制出的墨不仅漆黑光亮，而且香味独特。可见在南北朝时，就有了非常精湛的造墨技艺。这一时期墨的品位和价值逐步提升，烟墨开始逐渐取代石墨用于书画。

四、唐宋时期

唐代快速发展的社会经济文化带来书画艺术的兴盛，这样的环境氛围使得制墨水平大大提升，墨工人数也呈激增状态。其产地也由原陕西扶风、隃麋、延州三地，扩展到了河北易水和山西潞州等地。当时官府也特别提倡用好墨，还设官置厂专门从事造墨，出现了许多名噪一时的墨官，如奚超、祖敏、李阳冰、王君德、李惤等。当时墨工对造型、题识、造墨技法等都有所考究，墨的形式或风格相比于秦汉墨所发生的变化显而易见。

最初墨工们在软剂墨上刻制文字，然后借鉴封泥的方法进行文字钤印增加装饰性。1972年出土于新疆吐鲁番阿斯塔那古墓群的唐墨——"松心真"墨，考古研究认为是唐麟德元年（664年）上党地区的松烟墨，长11.4厘米，宽3.1厘米，厚1.4厘米，整体形态呈扁长状，两头为圆弧状，中间显为白底（图1-7）。墨上钤印了黑色阴文"松心真"三个字，字体为楷书，

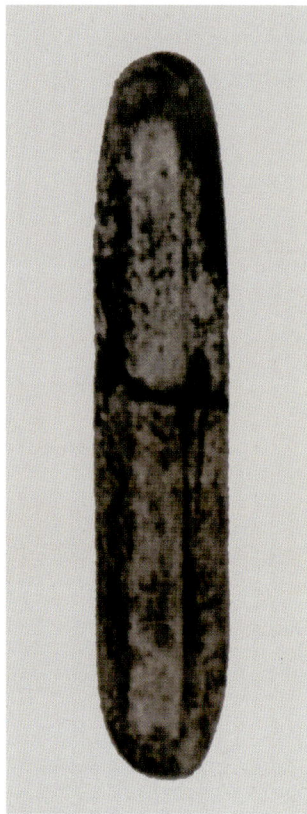

图 1-7

1972年新疆吐鲁番阿斯塔那出土的"松心真"墨（现藏于新疆维吾尔自治区博物馆）

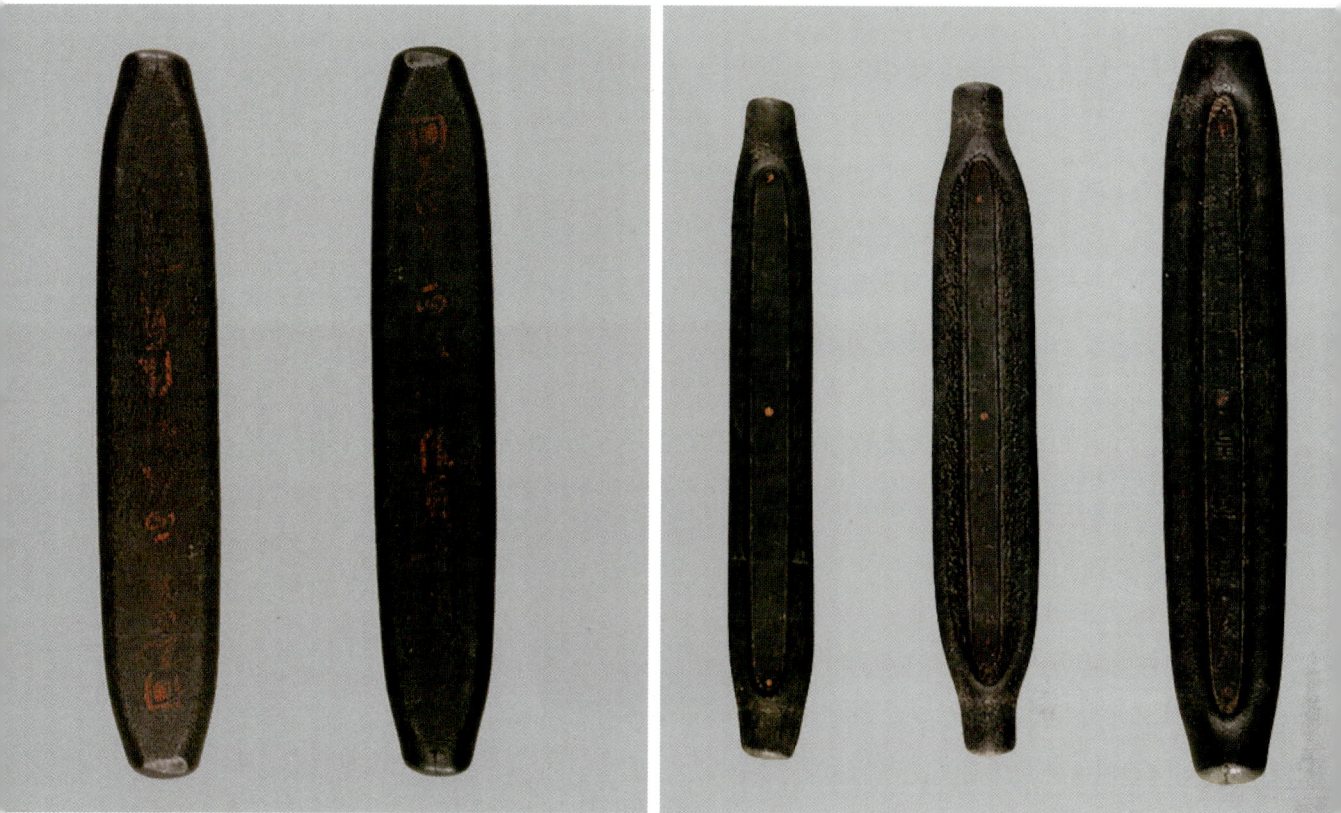

图 1-8

中央施印的舟形唐墨十六笏（现藏于日本正仓院）

因年代久远，字迹已经模糊。

与"松心真"墨相似的墨宝为日本正仓院所藏的中央施印的唐墨十六笏（图 1-8）。十六笏中有唐墨和新罗墨，其中有2件墨呈细长的棍棒状，另外14件两头均呈圆柱或棱柱状，但多数呈舟状。十六笏中有一唐墨，长29.6厘米，宽4.9厘米，一面有朱书的纪年铭"开元四年丙辰秋作"，另一面为阳文楷体印文"华烟飞龙凤，皇极贞家墨"，为当时名家所制。显然，此时新罗和中原的制墨习惯相似，铭文多只有墨匠的家族姓氏，且刻制铭文时都是用力施压墨印在圆柱状墨条上，使墨形如舟。舟形墨一般体形较长、较大，自宋代以后已为少见，在唐代流行可能与磨墨坐姿、砚台形态相关。

1978年，安徽祁门出土的北宋"文府（大府）"墨，属于迄今为止我国发现年代最为久远的徽墨，是国家一级文物。墨边沿为圆弧边，厚1厘米，宽2.7厘米，长8.3厘米，呈扁长方条形（图1-9）。因其无彩色花纹，形式朴素，款式古拙，具有早期墨的形态特点，所以该墨经由鉴定后推测制于唐代。其上"文府"二字似钤印，外有方框，且背面还刻有一个"制"字，为楷书。这件浸于北宋墓棺底积水里的墨锭，出土时竟然历久不散，形态如初，质料不败。可见徽墨在宋代选材与制作技艺上已讲求精益求精。

综上所述，唐代时就已经开始用文字来装饰墨，装饰技艺多为钤印。墨制品从最初只具有单一的实用性，到后期逐渐向兼有艺术观赏性的综合方向转变，为墨的装饰奠定了基础。

图 1-9

北宋"文府（大府）"墨（现藏于中国徽州文化博物馆）

第四节 徽墨的起源与发展

唐末，北方战乱频繁，经济重心随着人民大量迁徙也转移至南方富庶地区，制墨中心随之南下。易州墨工奚超、奚廷珪父子迁居至皖南歙州，重操制墨旧业，成为徽州制墨的起源。[1] 他们采用黄山良松为制墨原料，不断改进制墨技术，墨的质量显著提升。在造型与装饰方面，墨模雕琢更为考究，墨锭的装饰开始丰富起来。

一、五代十国

南唐后主李煜特任奚廷珪为墨务官，赐国姓李，李廷珪所制的墨被称为"李墨"，从此徽墨在全国制墨业中确立了主导地位，奠定了后来徽墨工艺发展的雄厚基础。

南唐之后，李墨几乎被禁，极为少见。李廷珪遗留世间独一无二的无价之宝则是"翰林风月"墨，现藏于台北故宫博物院，被敬为"天下第一品"。李廷珪"翰林风月"墨（图

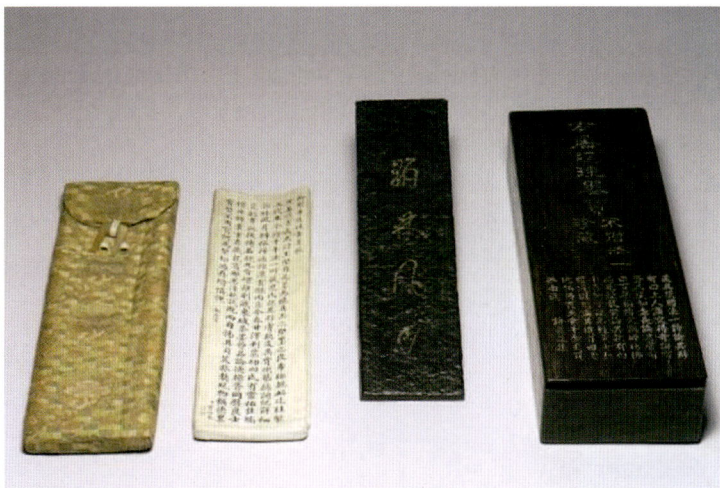

图 1-10

李廷珪"翰林风月"墨（现藏于台北故宫博物院）

【1】《歙县志》记载："李廷珪易水人（今河北易县），父超，唐末（公元 975 年间）流离渡江，见歙中多松，可合造墨，遂家焉。"

1-10），墨面有漆光，一面刻有"翰林风月"四字草书，另一面书三个草体字，模糊难辨；墨边缘较薄，中部较厚，呈长方薄板形，表面密布散碎断纹。外套小木盒表面刻有"有唐廷珪墨宝""宋僧法一珍藏"，下方有阴刻诗文。盒盖内阴刻填金"李廷珪古墨歌"，为乾隆五十六年（1791年）季春清高宗所作。收装墨的白缎袋两面写有乾隆臣董诰满录楷体"御制李廷珪古墨歌"与"御制墨云室记"。此墨是否为李廷珪制墨有待考证。由于乾隆十分珍爱此墨，于乾隆五十七年（1792年）制作了仿唐李廷珪翰林风月墨（图1-11）。

在朝廷的支持和李氏的带动下，越来越多的名门墨家自成一派，南唐制墨业也在各家墨业的良性竞争中如火如荼地发展起来，诸多相关著作不仅录入墨家的姓名，也对墨家的典型墨品进行记录。制墨者无一例外将自己的名字标识在墨上，一方面体现了制墨家对产品的保证与自信，另一方面体现了制墨家的品牌意识。制墨业铭文的传统习惯一直为后世传承，虽然不

图 1-11

朱珪仿唐李廷珪翰林风月墨（现藏于故宫博物院）

该墨作为进贡墨制于1792年，通体饰凸起冰裂纹，呈长方形。金草书"翰林风月"填于正面，金楷书"御制墨云室记"填于背面，款署"臣朱珪敬书"，两侧分书"仿唐李廷珪墨""乾隆壬子年"。

图 1-12

李廷珪款小握子墨，花叶形，上有一"香"字（选自宋李孝美的《墨谱法式》）

图 1-13

圆角长方形，面双龙，背文"歙州供进墨务官李惟庆造"（选自宋李孝美的《墨谱法式》）

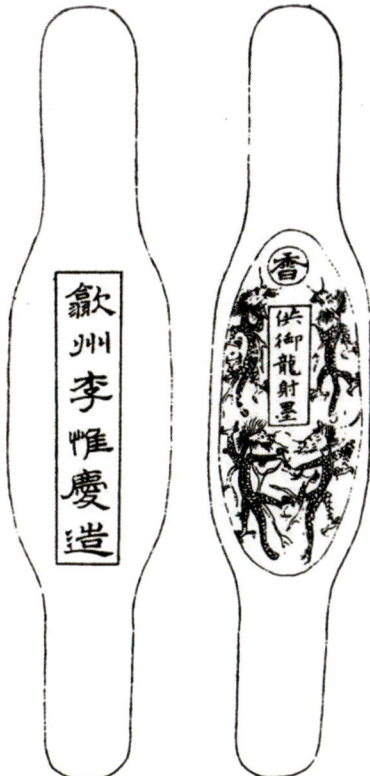

图 1-14

棒槌形，面四条蟠龙共托长方形框，框内书"供御龙射（歙）墨"，框上一个"香"字，背文"歙州李惟庆造"（选自宋李孝美的《墨谱法式》）

同时期有所不同，但根本还是一样的。[1]五代时期在实用的前提下，墨品集中了装饰美与名家效应。

从《墨法集要》中所记载的资料与实物来看，五代所制的墨形状富于变化，圆形、圆角长方形、棒槌形、圭形、叶形、椭圆形均已出现（图 1-12 至图 1-14）。2001 年，江苏省扬州

【1】王俪阎，苏强. 明清徽墨研究 [M]. 上海：上海古籍出版社，2007.

市郊吕德柔墓出土的"丁远"墨为五代墨的出土实物之一（图1-15）。此墨为不规则长方形，呈牛舌状，厚1厘米，残长11.5厘米，宽5厘米，是模压制成的松烟墨，背面钤方框内阳文"丁远墨"三字，正面阴文楷书"供使远烟细墨"，两头已残缺，椭圆形单线纹环绕文字，在文字的顶部标识"吞"字。此墨质地坚精缜密，模制墨模刀法精细有力，坚实遒劲，墨品上乘。这一时期墨面、墨背的装饰形式也有了一定的规律：面刻铭文，背刻绘图；或双面铭文，但铭文内容基本标示的是墨的性质。

图 1-15

五代"丁远"墨（现藏于扬州博物馆）

二、宋元时期

宋代文风鼎盛，制墨业空前繁荣与发展，产生了中国制墨史上第一个工艺发展高峰期。主要表现在以下几个方面：

1. 松烟墨、油烟墨并重

油烟墨的出现年代应当在南北朝时期，略晚于松烟墨。虽然到唐朝末年已经有了较为完备的体系，但在接下来的几百年间，松烟墨工艺发展迅速，而油烟墨工艺却并没有留下更多记载。[1] 在宋代之前大多以松烟墨为主流，后来因为人们对松树进行大面积砍伐，墨源严重枯竭，桐油烟作为替代

【1】王伟. 中国传统制墨工艺研究 [D]. 合肥：中国科学技术大学，2010.

产品应运而生，因此宋代成为中国制墨业的分水岭。彻底解决制墨业发展瓶颈的是油烟墨的发展。虽然在宋代松烟墨仍占据着产业主导地位且扩展趋势并未减小，质量也有所提高，但用油烟制墨的比例仍然处于上升态势。

2. 形质并重

宋代的墨讲究外形且相比前代有较大突破，还出现专门供收藏的观赏墨，这在很大程度上是受当时文人藏墨、赏墨与流行自制墨的潮流影响。宋荦《漫堂墨品》所附的《墨论》记载："宋潘谷制墨精妙，而价不二。士或不持钱求墨，不计多少与之。苏子瞻以诗曰：布衫漆黑手如龟，未害冰壶贮秋月。"[1] 可见苏东坡当时与墨工的亲密交流，表达了对墨工潘谷技艺的盛赞与思考，技艺的切磋与交流使苏东坡自身也能制出上等的好墨。

3. 贡墨的出现

1995 年江苏省宝应县城安宜路北宋墓群出土的"东山贡墨"铭文墨锭，呈牛舌形，为松烟质地，烟料极细，长 14.9 厘米，宽 3.9 厘米（图 1-16）。墨表面有溯金，背面素纹，四

图 1-16

北宋牛舌形"东山贡墨"（现藏于江苏省宝应博物馆）

【1】宋荦. 漫堂墨品 [M]. 北京：中华书局，1985.

图 1-17

南宋叶茂实墨

边用平行阳文双线装饰，框内阳文楷书"东山贡墨"四个字刻于正面，字体苍劲有力，此墨能保存至今尤为珍贵。该墨的出土也证明宋代开始出现贡墨制度。

4. 墨家辈出

宋代制墨家见诸史载的有近百人之多。如著名墨工张遇因"以脑麝入油烟"制成了供皇帝使用的"龙香剂"而出名，使用脑麝与金箔，做工精细，装饰精巧豪华。潘谷，宋元祐歙县人，又被冠以"墨仙"之称，他用一生的时间去制墨，"松梵""狻猊"等均出自他手且被誉为"墨中神品"。宋何薳的《墨记》载："其用胶不过五两之制，遇湿不败。"[1]宋陈师道撰《后山谈丛》称道："香彻肌骨，磨研至尽而香不衰。"[2]文人与墨工之间的往来，促进了墨工对精妙艺术境界的追求，墨工致力于不断创新，形成了具有文人特质的工匠精神。

1977 年江苏省武进县出土的南宋叶茂实墨（图 1-17），

【1】何薳. 墨记 [M]. 北京：中华书局，1985.

【2】陈师道. 后山谈丛 [M]. 北京：中华书局，1985.

现藏于常州博物馆。该墨现残存半锭，形态为长方形，重14.5克，厚0.6厘米，长5.5厘米，宽2.3厘米，墨的上半段已无，下半段完整的一字为"玉"字，模印贴金。背面模印有长方形边框，尚存"实制"二字和"茂"字残画。此墨为擅制油烟墨而闻名的南宋制墨家叶茂实所制。

1988年1月，合肥北宋马绍庭夫妻合葬墓中清理出"九华朱觐墨"（图1-18），1994年6月，经国家文物鉴定委员会专家组鉴定为一级甲等文物，即"国宝级文物"。此墨牛舌形墨式，阳文楷书"九华朱觐墨"五字刻于墨正面，背面中部有凤形花纹刻于枣核形外框线内，圆形印纹印于线框两头，还有阳文楷书"香"字刻于印纹圈中。此墨有文献记载，元代《墨史》中陆友曾记载九华朱觐"善用胶，作软剂出光墨……"[1]。通过文献与这些珍贵实物的相互佐证，可得出结论：相比于唐代的墨锭装饰，此时的装饰水平已有了巨大的

图 1-18

"九华朱觐墨"（1988年1月出土于合肥北宋马绍庭夫妻合葬墓）

【1】陆友．墨史［M］．北京：中华书局，1985.

图 1-19

"歙州黄山张谷墨"

进步，墨面开始出现简单的装饰花纹，如凤形花纹、枣核形线框、相互对称的圆形线条等。

马绍庭夫妻合葬墓中还出土了"歙州黄山张谷墨"（图1-19），墨锭形状为长方形，两端近似圭角状，为松烟墨。修复后的墨宝尺寸为厚 1.4 厘米、长 25 厘米、宽 5 厘米。细线双道栏框位于墨正面中部，框两端为圆弧形，框内残留阳文篆书铭文。墨上字迹可辨认出的为"歙州黄山张谷"六字。虽然墨上其余字迹难以辨别，但在安徽省博物馆专家石谷风研究员的考究下，大致可推测"男处厚"为后三字。元陆友著《墨史》记载：唐宋名墨工，张遇之子张谷，谷之子处厚，从易水徙歙州，祖孙三代制墨相传为世业。因材料、工艺限制，《墨法集要》载："大墨最难搜和。""不喜为厚大"为古代制墨者的经验之谈，因为若工人的制墨工艺稍有不当，巨大的墨锭极易破裂。"歙州黄山张谷墨"尺寸巨大，且能保存得如此完整，可推测当时此墨由墨模制作而成，为稀世珍品，是迄今发现宋代尺寸最大的墨锭，且首次发现其记载于史书并有名款，这对于墨史研究具有重要的意义。

北宋宣和三年（1121 年），歙州改名为徽州，"徽墨"之名应运而生，成为墨的代名词并延续至今。

元代的制墨业"在继承宋代制墨的基础上又有一定的发展，并且出现了一些制墨高手……"【1】元代制墨家中，朱万初为领军人物，他善以纯松烟制墨，"松脂为炬取烟"，既有"深重"之妙，又有"姿媚"之美。1958 年，山西大同冯道真墓出土了元代"中书省"墨（图 1-20），形如牛舌，上有一珠形图案，一龙镌刻于一面，篆书"中书省"三字刻于另一面。此墨被埋于地下数百年，出土时虽已断裂，但仍能还原并见其完整形体。

学术观念中多见"元代制墨业不景气、一蹶不振或基本传承宋代"之观点。实际上，元代的天下统一促进了南北文化交流，也为传统的文房工艺提供了新的发展环境。就制墨而言，有了明显的发展，逐步形成元代特点。在元百年间，不仅出现了一些新的工艺流派和一大批优秀工匠，而且还出现

图 1-20

元代"中书省"墨（牛舌形）

【1】王毅．中国徽墨 [M]．上海：学林出版社，2011.

了诸如《墨史》《墨法集要》等墨学论著，在中国墨史上占有重要地位。[1]

第五节　徽墨的辉煌与鼎盛

一、明清时期

明代出现了我国制墨史上的一个辉煌时期。当时徽州属"京畿"，南京为陪都，政治、经济均得以发展，尤其在科举考试走向鼎盛后，文化教育的迅速发展使徽墨业进入发展的黄金时代。

1. 徽墨三个流派的形成

明代，制墨工人激增，文人参与制墨成为一时的风气，歙派和休派两大制墨风格派系"争奇斗艳"。受市场需求和制墨业蓬勃发展的影响，徽墨的生产地域不再像以往局限在歙县、休宁县，婺源县、绩溪县都开始涉足制墨领域，入清后婺源县也逐渐占据徽墨生产的一席之地（图 1-21）。

绩溪县

"胡开文"创办人胡天注，是安徽绩溪上庄人，绩溪汪近圣《鉴古斋墨薮》进一步推动了绩溪墨业的发展。绩溪墨工、胡氏子孙在全国各地推动徽墨发展。中华人民共和国成立后，绩溪徽墨得到恢复并迅速发展壮大。

歙县

歙（县）派，歙县是徽州的府治所在，也是徽墨的发源地，技术积淀深厚，因此歙派的优势一直持续。制墨特点是重香料、重包装，风格端庄儒雅，材质烟细胶清，墨家代表人物为方于鲁、程君房、罗小华等。

休宁县

休（宁）派的墨品华丽精致，形式大多是套墨丛墨（集锦墨），墨式繁多，墨面注重饰彩艺术，雅俗共赏，讲究形式美。墨家代表人物为汪中山、邵格之、叶玄卿、汪时茂、胡开文等。

婺源县

婺（源）派则属于普及型墨。制墨业利用当地盛产松烟的优势，降低了造墨的成本，使得价格低廉，所以深受百姓与学子的欢迎，所制墨品"入纸不晕，浓墨而光，防腐防蛀，耐久不变"，平民性、大众化，多以实用为目的。墨家代表人物为詹华山、詹文生等。

图 1-21

徽墨地图

【1】马明达. 元代墨工考[J].
西北民族研究，2003(1)：22-23.

图 1-22

罗小华"九锡玄香"墨（现藏于
天津博物馆）

歙（县）派是徽墨的源起之处，制墨技术经过多年沉淀，
一直到清中期歙派制墨一直占有优势。由于当时歙县为徽州府
府治所在地，历朝历代上贡的墨宝几乎都被文人、贵族、官宦
私藏家中，所贡墨品重香料、重包装，风格端庄儒雅，材质烟
细胶清。方于鲁、程君房、罗小华（图1-22）等均为歙派制
墨代表人物。歙派、休派、婺派产墨因出现时间、供墨对象、
实力差别不同而形成各自独特的风格。

休（宁）派的墨品华丽精致，大多是套墨、集锦墨形式，
墨面重彩饰艺术性，雅俗共赏。其制墨代表人物为叶玄卿、吴
去尘、汪中山、邵格之、胡开文等。

婆（源）派多产普及型墨。婆源制墨利用当地盛产松烟的优势，降低了造墨的成本，利用亲民性将所制墨品大众化，所以深受百姓与学子的欢迎。其中詹姓墨工所造墨品最为出众，其代表人物为詹华山、詹文生等。

明清以来，以上"三大流派"的墨制品凭借着各自的优势共同发展并统领了全国墨业市场。它们根据不同供给对象有针对性地将产品定位，并逐渐形成各具特色的地方特征。

2. 墨的装饰性增强

明代早期，墨面的装饰相对简单，图纹题材更接近于宋、元的传统，墨锭装饰的题材几乎都是各类龙纹图案。明代时徽州的读书风气十分浓厚，科举制度的推行也大力推动了徽墨的销量与生产。文化的积淀与日益精湛的工艺，使墨模的雕刻技艺与漆匣的装饰技艺都得到了一定的发展，徽墨的制作进入鼎盛阶段。因为许多墨的配方、制作工艺都已成熟，所以墨面的创意、产品的包装、装潢创新、精工制作等成为墨家们的主要竞争方面，同时促使墨的质地达到一个更高的水平，如"桐油烟""漆烟"等品类被广泛采用，松烟墨、油烟墨等并举，将冰片、金箔、麝香等贵重原料加入徽墨中，各种质地、规格的墨品便不断产生。徽墨从文房用品、书写材料进入了"实用兼欣赏"的工艺美术品行列。

从明嘉靖年间制墨名家罗小华始，墨的装饰愈发受到重视。徽墨制墨水平达到历史新高，此时制墨名家还有邵格之、方正。他们的制墨风格精细，装饰华丽，品种多样，各个方面都达到较高的境界。嘉靖汪道贯在《墨书》中曾提到，"古之为墨者，为螺，为丸，为饼，皆像也。自罗秘书饰象以炫观者，

图 1-23

程君房制"寥天一"墨

图 1-24

程君房"妙品"墨（现藏于天津博物馆）

而墨象兴矣"。[1]

万历时期，诸墨家崛起，墨家林立，诞生了以程君房、方于鲁为代表的一批制墨名家。程君房制墨考究，造型多变，装饰手法丰富。墨面图案常用浅浮雕技法，雕刻刀法深厚遒劲、精细流畅，立体感强。如"寥天一"墨（图 1-23），"寥天一"出自《庄子·大宗师》载孔子语"安排而去化，乃入于寥天一"，有顺应自然的变化，就可进入寥远的纯一境界之意。此墨通体镂秋葵，花叶相互环绕凸起，在棱角处破觚为圆，装饰雕刻独特创新。此外漆衣也是程墨擅用的一种装饰工艺（图 1-24）。漆衣工艺就是将墨的外体刮磨抛光，犹如罩上一层漆膜，使墨品呈现光华亮泽美感的同时，保护墨品不出现断纹。

受明代书画各流派的影响，徽墨墨模雕刻技巧、手法显然有时代的痕迹。明代书法多遒劲，需要雕刻手法劲道，刀法深厚。墨品字体显示雄健，阳文锋芒峻厉，圭角鲜明。如程君房制的"玄元灵气"墨（图 1-25），品质呈现精坚之色，书法笔力深厚，董其昌曾赞赏为"百年之后，无君房而有君房之墨；千年之后，无君房之墨而有君房之名"。与程君房同时驰名的方于鲁，精制了一种被誉为"前无古人"的"九玄三极"墨（图 1-26），一面阳刻文人题赞，一面书"九玄三极"墨名，长方印文"笔研精良，人生一乐"，该墨使方氏名扬天下。

万历年间制墨综合工艺有了很大的提高，墨模的雕刻工艺与徽州版画艺术互相影响，集中体现了书法、绘画、金石、雕刻的技艺水平。制墨家对于墨的装饰的追求相当重视，墨品样式丰富，集锦墨出现，装饰题材增多，墨谱数量也骤然增多。《程氏墨苑》与《方氏墨谱》成为明代徽墨样式的集大成之作。

【1】方于鲁. 方氏墨谱 [M]. 济南：山东画报出版社，2004.

图 1-25

程君房"玄元灵气"墨

图 1-26

方于鲁"九玄三极"墨

在明代末期，文人们竞相收藏墨宝，更多人投身制墨行业，竞争激烈，力求在墨的制造上创新，愈加重视墨的形式美。制墨家将髹漆、漱金、书法、雕刻、绘画等灵活用于墨的装饰，甚至有时对装饰的追求超过了对墨质量的追求。明代书法家邢侗在《墨谭》中提到："三十年前墨止和剂成饼，不施文采，贵在草细烟真，胶清杵到，即无香料，汪汪池腹间作清泠观，舐笔不胶，入纸不晕。今制一取古文奇字篆籀填铭、鼎敦簠餮，神怪千态，花木虫鱼，幻象百出，妙夺化工。"可见当时的文人墨客更注重徽墨的使用感与内在品质。但也可以看出随着徽墨使用的愈加广泛，人们期待内外兼修的徽墨工艺。多样的装饰需求为人们提供了自由选择和创造的空间，满足了各群体的精神文化需求。同时，书画家对书画创作需要以徽墨品质保障为基础。

3. 集锦墨的流行与辉煌

明清时期，带有装饰的成套丛墨——集锦墨开始出现并流行。集锦墨是徽墨从实用向装饰发展的产物。以构思奇巧的造型和精美的装饰及装帧著称于世，注重装饰性，同时强调实用性。集锦墨由多锭墨组合成一套丛墨，造型相同或不同，图案各异，从几锭到几十锭不等。

集锦墨的创始人多认为是明代休宁派汪中山。明代高濂《燕闲清赏笺》论墨中记载"前如汪中山翰史初时制墨，质之佳美，不亚罗墨。其精品以豆瓣楠为匣，内用朱漆，签以中款，表曰：太极，两猊，三猿，四象，五雀，六马，七鹧，八仙，九鸶，十鹿，皆以鸟兽取义。又有玄香太守小长墨四种：一曰蟲文，二曰卧蚕，三曰亚字，四曰玉阶。有客卿四种小元墨：曰太极，曰八卦，曰圆璧，曰琼楼。有松滋侯四种小方墨：一亚字，二罗文，三九云，四螭环。有墨挺，墨柱，余先得其数种试之，质轻烟紫，可谓九玄三极矣，似在罗上，真神品也"。从记载中可以看出，汪中山所制的墨多种多样，文中对墨的装饰描述详尽。明宣城麻三衡《墨志》中，亦载有汪中山所制太玄、玄香太守、客卿、松滋侯四种丛墨，"足见休宁派汪中山所制的墨，以其形式而论有圆，有方，有圭，有璋；

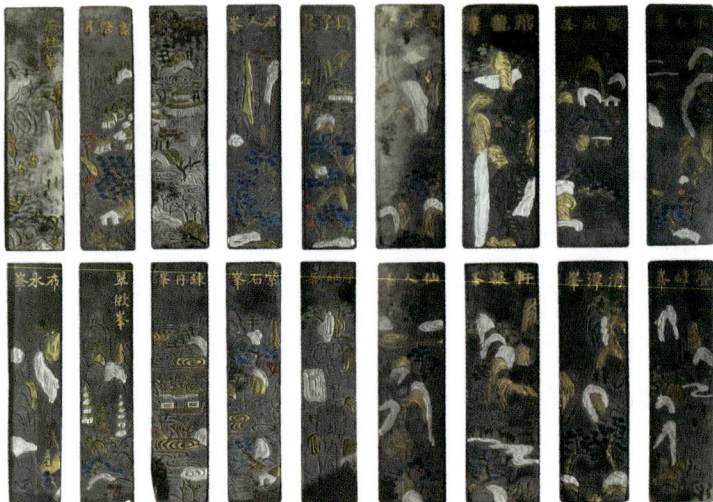

图 1-27

曹素功"黄山图墨"（部分）

以其墨品而论，品目繁多，可以说是开集锦墨之先河"【1】。

　　清代文人对于收藏、博古依旧乐此不疲，各式工艺品装饰的发展倾向于更为复杂烦琐的风格。清康雍乾三代，集锦墨品种之繁多、装潢之考究空前绝后，不仅数量多而且质量精。制墨家擅长将风景名胜、皇家园林制成通景图墨，可谓创历代之最。代表作有曹素功制作的集锦墨，如"紫玉光""天琛""豹囊丛赏""千秋光"等，其中"紫玉光"是曹氏的得意之作，因独特配方与考究的做工，墨锭发出紫玉光泽。曹素功把精心制作的佳墨呈于南巡途中的康熙皇帝，康熙皇帝用后极为赞赏，赐曹家之墨"紫玉光"三字。它的图案是黄山三十六峰，墨以各峰形态为模，大小形式不一，千姿百态，合起来是一整幅黄山图（图 1-27）。汪近圣制作"御制耕织图墨""罗汉

<hr />

【1】尹润生. 明清两代的集锦墨
[J]. 文物参考资料, 1958(12): 12.
关于集锦墨的首创者，王俪闫在
《明清集锦墨》（《中国历史文物》
2002.8）一文中提到："由于缺
乏更多的文献资料、考古发掘实
物的证实，是否汪中山就是'集
锦墨'的创始人，还不能完全断
定。"可以肯定的是最迟在明嘉
靖时期已经有了"集锦墨"。

赞""新安大好山水图墨""西湖名胜图墨"，汪节庵的"竹式墨""鉴古斋小品"等；胡开文为清代集锦墨制墨名家中集大成者，其代表作有"御园图墨""十二生肖墨""八宝奇珍墨"等，其中"御园图墨"共64锭，是目前所知道锭数最多的一套集锦墨。此外，王丽文的"琴式墨""文圃菁华"，吴守墨的"黄山松液墨"，吴天章的"妙翰流芳"都是集雕刻、书画、绘画艺术于一身的集锦墨代表作。这一时期制墨名家辈出，是徽墨装饰发展的高峰时期。

二、民国时期

鸦片战争之后，制墨所用的漆和桐油由于帝国主义的入侵被大量掠夺出口，清代制墨业逐渐走下坡路。进入民国，由于社会动荡加上书写工具的改变，徽墨进入衰落阶段。在此背景下，当时的胡开文墨店还是生产出了很多精品墨，广受好评并走向世界，例如现藏于安徽博物院的胡开文"地球墨"（图1-28），墨直径为12.2厘米，厚1.5厘米，重365克，椭圆

图 1-28

胡开文"地球墨"（现藏于安徽博物院）

形中部微凸，通体饰金银五彩，有中文与英文边款，此墨曾于1915年获巴拿马万国博览会金奖，是徽墨走向全球的首家品牌。地球墨在当时代表了一种超前意识，引领了中国有识之士认知世界，促进了世界的交流，承载了渴望自强的情感。

三、中华人民共和国成立后

中华人民共和国成立后，各地墨厂、墨店得到了恢复和发展。1956年成立的歙县老胡开文徽墨厂，1981年更名为"安徽歙县老胡开文墨厂"；1956年成立的国营屯溪徽州胡开文墨厂，1980年更名为"安徽省国营屯溪徽州胡开文墨厂"；1985年，绩溪徽墨厂更名为绩溪胡开文墨厂。此外，上海，南京，安徽旌德、岩寺，江西婺源等地制墨业继续发展。墨的装饰随着时代的变化反映不同的主题，徽墨艺术在内容上不断推陈出新，除潜心恢复古代失传名墨外，现代内容也在徽墨创作领域引人瞩目，如20世纪八九十年代"南京长江大桥"（图1-29）、"（当代）中国书画家"、"亚运会吉祥物"等与时代呼应的徽墨作品。国家在鼓励传承、保护传统徽墨制作技法的同时，不断改革创新设计，开创新的徽墨品种与设计作品。

图 1-29

"南京长江大桥"墨

第二章

徽墨艺术设计文化意识成因

不同时期的徽墨反映了当时的社会、经济、文化、技术等状况。在徽墨艺术设计文化发展的过程中有诸多因素共同推进着徽墨的进步，这些因素的共同作用形成了如今体系较为完善的徽墨艺术设计文化意识。尤其是徽墨发展到明清时期，品类推陈出新，用料贵重考究，制作技艺高超，使得徽墨发展到辉煌鼎盛阶段。徽墨艺术设计文化意识的形成主要成因是徽墨在时代更迭中生产技术的革新，大众对其实用功能与艺术精神价值的追求，社会各界墨家、画家、刻工、藏家等的共同推动等。

第一节　时代更迭中的技艺发展

一、社会因素推动技术发展

在制墨技艺发展的过程中，徽墨不断变化并具有鲜明的时代特征，在时代更迭中，徽墨出现了不同的装饰与造型形式。先秦时期，墨刚开始发展，装饰形式设计意识较弱，多是自然形态墨。战国、东汉时期墨的实用性增强，造型也逐渐丰富，出现了墨粒、墨丸、墨饼、圆柱形、握子形等。唐代开始压盖制墨者名款、年代或墨品名称于墨表面的传统就已经形成；为使墨便于制作和使用，其形状大多都是牛舌形、圆饼形、圆柱形；墨庄、墨工戳记印于墨身是较为普遍的样式；纹饰大多为"双脊特龙"，几乎没有其他形式。最迟至五代出现图案装饰以来，元代审美因素开始影响徽墨造型。

明清以来，装饰与造型达到了艺术顶峰，构成了徽墨的重要篇章。清康雍乾三代，十分讲究装饰，制墨家擅长将风景名胜、皇家园林制成通景图墨。明墨的图案多，图案往往填满墨面；而清墨以文人书画为多，追求画面意境的深远，追求更深层次的要求。这种意境的塑造更需要技艺水平准确表达画面意境，对雕刻者的书画修养有了更高的要求。"明墨中常见以锦文作为地纹，清墨的主体纹饰大多没有地纹。"[1]清代中叶后，制墨行业日渐衰落，一些墨家生意惨淡，不再将装饰放在制墨首位。

明清徽墨的鼎盛具有鲜明的时代背景和工艺特色。明晚期人口持续增长，经济多样化，社会流动增多，商品经济活跃，政治秩序的集权化和系统化互相联系，人们的思想、意识、形态、观念也随之变化。传统儒家思想发展到晚明实学、朴学，强调"经世致用"，社会思潮"由虚转实"[2]，实学之风的盛行，晚明工商业发展迅速，实用技术进步较快，与生活实用相关的各门类工艺发展齐全，呈现出重视实用与技艺的特点。徽墨无疑也是"实学"思潮影响下技术进步、工艺精湛的产物。

此外，明清文人士大夫阶层追求"尚雅避俗"，重文气，民众也纷纷追捧向往。徽墨作为文房用品，其制作更是极具文气。"具有文人气质的工匠备受文人收藏家推崇，他们精于书画，具有文人修养，其作品不与职业工匠同列。"[3]制墨工匠注重提高诗书画的修养，融入文人内心世界，使作品更具清雅之趣。

二、技艺发展对装饰的影响

徽墨的设计趋势与各个时代的社会背景都有着十分紧密的关联，墨工在实践中不断摸索，总结前人的造物经验以求墨品的完美设计。从表 2-1 可以清晰看出徽墨装饰的发展历程，

【1】孙景宇.清代徽墨装饰艺术的演变及其原因研究[D].上海：复旦大学，2014.

【2】杭间.中国工艺美学思想史[M].太原：北岳文艺出版社，1994.

【3】胡飞.中国传统设计思维方式探索[M].北京：中国建筑工业出版社，2007.

无论是文人定制墨还是集锦墨的流行，在发展至巅峰之时，都
是社会需求与技艺发展相互作用的共同结果。

表 2-1　不同时代历史背景与技术发展因素影响下墨的装饰、造型特征

时代	社会背景	技术理论因素	装饰	造型特征
新石器时期晚期—先秦	大众依据占卜获知凶吉，甲骨上会留有墨迹为当时的卜辞	发展意识与制作、创新水平较弱，直接使用自然形态	天然墨	自然形态
战国—西汉	当时会以"枚"计量墨，在上层社会中松烟墨已成为墨的主流	松烟墨的人工制作技术正在快速发展中	墨粒、墨丸、墨饼	瓜子状、颗粒状、圆饼形与类似圆柱状的丸形
东汉—魏晋	当时易州（今河北易县）盛产优质松树，成为当时制墨业的重镇	北魏贾思勰《齐民要术》中出现最早制墨配方，松烟墨制作水准已经较为完善	素面墨	圆形、圆柱形、握子形
唐	唐代文风鼎盛，书画艺术风格极为高雅，对墨业产生新要求	印刷术出现，大量文字墨产生，大批墨工的研究与相互促进之下墨锭富于变化且造型丰富	叶脉纹、几何纹、龙纹，开始出现压印方式的钤印文字墨	牛舌形、梭形
五代十国	大量北方墨工南迁，制墨中心南移，李超、李廷珪父子制墨名满天下，徽墨全国制墨业的主导地位确立	名门墨家自成一派，诸多相关著作录入墨家的姓名、墨品记录。墨模雕刻考究	墨面、背的装饰形式也有了一定的规律，或面铭文，背绘刻图，或双面铭文	墨锭造型丰富，富于变化，牛舌形、梭形、圆形、圆角长方形、棒槌形、圭形、叶形、椭圆形均已经出现
宋	"徽墨"之名正式诞生，油烟墨取代松烟墨成为主流。更多文人墨客参与	通过古籍与文献记载对于制墨方式已经形成了科学性系统性的了解，制墨步骤讲究	常在墨面、墨背的中央压印文字或图案。墨面出现简单的装饰花纹。如凤形花纹、枣核形线框、相互对称的圆形线条等	牛舌形、梭形为多

时代	社会背景	技术理论因素	装饰	造型特征
元	徽墨进一步发展	制墨技术进一步发展	多以压印方式钤印的纹饰	牛舌形、梭形为多
明	徽墨辉煌时期，集锦墨出现	套嵌模具制墨，模具雕刻技艺发展迅速，墨的内在质地更加坚固	轮廓形态和表面纹饰清晰，并渐趋丰富。图案往往填满墨面，大多是采用锦文作为地纹	造型丰富多样。以造型规正、厚薄均匀、棱线挺直造型为多
清	徽墨鼎盛时期，文人定制墨开始流行，清代文人以收藏、博古为主。各式工艺品装饰的发展倾向于更为复杂烦琐的风格	清代制墨墨家众多如故，子承父业，师徒各立门户	装饰技艺精巧细致。以写意性文人画为主，铭文书法异彩纷呈。风景名胜、皇家园林等	早期的造型延续晚明遗风，自由随意、不拘一格。中期出现大量博古造型

第二节 实用功能与精神价值的共同体现

一、实用墨

徽墨中有实用墨与艺术墨之分。实用墨制作是在注重实用性的基础上同时注重装饰功能，与艺术墨相比，显得朴素简单。有些实用墨简单到只将墨制成长方形穿一孔，墨品名称与字号直接书写即可。实用墨在实用的基础上又可以细分为一般用墨、贡墨、御墨。

1. 贡墨

贡墨源于旧制征贡，南唐时出现，是一些大臣、地方官吏呈贡给朝廷或地方政府的墨，往往不惜成本托付墨家特制，首选烟料上乘，雕刻也极为精细。而有些贡墨形制较为简单，以长方形为主，一面铭文、一面装饰，两侧为制墨时间和进献者落款。这种贡墨多为"例墨"，是按照征贡制度向朝廷进贡的。

2. 御墨

御墨是专为皇帝书画所用制作的墨，唐代制墨家祖敏首开御制墨先河，成为专为御墨制作的墨务官。有的御墨是由宫廷内务府御书处承制的，还有一种是御书处按照所需的纹样向徽州地区制墨家定制的，清代四大制墨名家汪节庵、曹素功、汪近圣、胡开文都曾承制御墨。汪节庵"唤卿呼子谓多事"墨，就是以乾隆墨诗为题材，为宫廷御墨精品。此墨呈方形，墨面有凸起小方框，框内为墨题，四周围绕四季花开纹，墨背镂雕人物风景图，墨侧款楷书阳识"大清乾隆汪节庵制"（图 2-1）。"乾隆曾诏墨家进京指导内务府制墨，汪近圣次子汪惟高被选中进京三年，《鉴古斋墨薮》多记载的是皇家御制墨。"[1]御墨用料极为考究，装饰华丽，图案精美，是集实用与艺术为一体的珍贵艺术品。尤其在乾隆时期，不仅装饰形式多样、造型别致，有的甚至精美绝伦，盛极一时，

图 2-1

清乾隆汪节庵"唤卿呼子谓多事"
山水人物纹墨

【1】王俪阎，苏强. 明清徽墨研究 [M]. 上海：上海古籍出版社，2007.

这一时期许多设计题材，当今徽墨制作仍在继续沿用。

二、艺术墨

艺术墨在装饰基础上可以进一步细分为文人定制墨、礼品墨、集锦墨、珍玩墨，这类墨主要以收藏、把玩与欣赏为主要目的。明清以来，根据墨的使用对象和目的的不同，装饰风格与墨品质量相差很大。

1. 文人定制墨

文人定制墨是指由书画家、文人墨客、社会名流等根据自己的爱好与兴趣请制墨家根据自己的设计意愿而定制的自用墨，东魏的韦诞开启文人定制墨先河，历代不衰，至明清达到定制高潮。这是一种按需定制的方式，是文人墨客表达自身对艺术的理解与追求理想的方式，其形式是工艺与文人思想结合的体现，其实一些御墨也属于文人墨的范畴，因为它们追求的艺术思想与境界都是文人意识的体现。文人定制墨在设计形式上追求独特、自觉意识的体现，因为是小批量生产，刻模需要专门开模，刻绘图案精致细腻，所有工艺由委托者审定，能达到文人所求目标，制作要求严谨，而且这类墨所用烟料要求上乘，成本较高，收藏价值也较高。历代书画大师对品质上乘的徽墨情有独钟，黄宾虹纪念馆中珍藏着多块定制徽墨（图2-2、图2-3），"南面百城"寓意丈夫拥书万卷，不事权贵的气度与好学精神。画面构思独特，仅绘卧榻边角，堆满书籍，并无人物等内容，剔除繁杂细节，徽墨作品精神性得以在看似简单的视觉体验中被刻意强调。"溯洙泗之渊源"意为儒家学说源

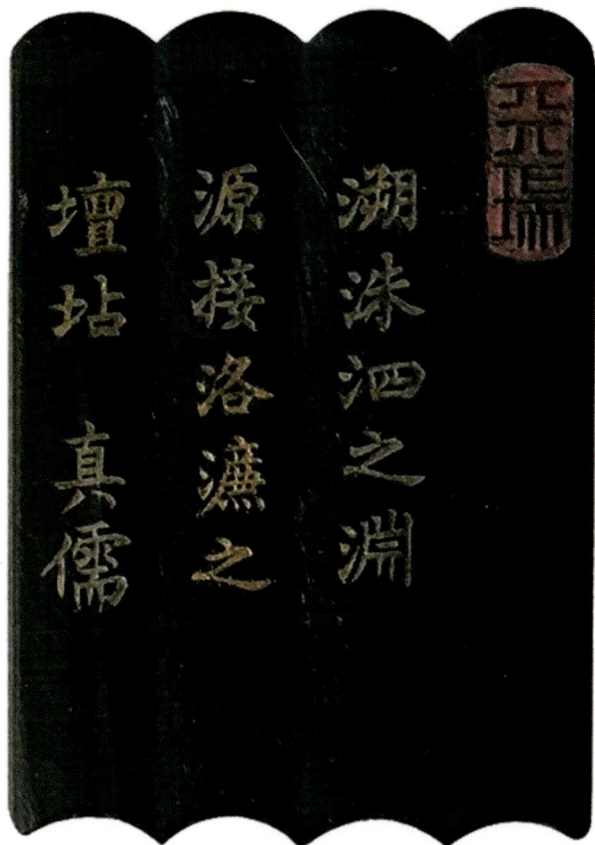

图 2-2

宾虹制文人定制墨（现藏于安徽
歙县黄宾虹纪念馆）

图 2-3

南面百城（现藏于安徽歙县黄宾虹
纪念馆）

远流长，书卷式造型，无画面，文字表达简洁，学术陈述平静、自然，通过徽墨造型传达求知情怀。文人定制墨的过程中的这些综合因素，大大提高了徽墨艺术的文化品位和艺术内涵，所以它是艺术墨中的精华，是徽墨文化中非常重要的一个组成部分。

2. 珍玩墨

珍玩墨的目的首先是珍藏与欣赏、把玩。这类墨属于非实用墨，要求选料上乘，对墨模的雕刻技艺要求很高，通常墨品不会很大，艺术价值很高，所以这也是墨品品质与艺术表现融合的代表。古语有云："有佳墨者，犹如名将之有良马也。"鸠砚式墨、杨梅式墨、琴墨，还有人磨墨墨磨人墨都属于此类墨品。对设计者、雕模人的文化、技艺要求都非常高。

3. 礼品墨

礼品墨的主要目的是祝贺新婚、生日、升学等。常见的题材有"八仙""百老图""龙九子""手卷墨""十二生肖贺寿图"（图2-4至图2-6）。一般来说体量较大，首先注重装饰效果，题材内容雅俗共赏，烟料的选择反而退其次。

图 2-4

"饮中八仙"墨局部

图 2-5

明程君房制百子图墨（现藏于上海博物馆）

图 2-6

百老图墨

4.集锦墨

集锦墨也属于礼品墨的范畴，设计构思创意独特、雕工技艺尽善尽美，在清代得到了空前的发展，制墨家以制作集锦墨为荣。集锦墨的特点可以归纳为"制作精细、质量绝佳、刻工上乘、图案秀美、款式新奇、铭文考究、装饰华丽、匣箱精美，是集艺术性、观赏性为之大成的艺术精品"【1】。至今看来，集锦墨依然是徽墨市场中比较受欢迎的主流。

其实一些实用墨与观赏墨并没有特别鲜明的界线，徽墨本身的艺术价值就包含墨品与设计表现形式这两个方面，缺乏任何一个方面，对于徽墨艺术价值的提升都会有影响。

【1】王毅. 中国徽墨 [M]. 上海: 学林出版社，2011.

第三节　墨家、画家、刻工、藏家的共同推动

徽墨用料考究、工序复杂，设计讲究独特与创意性，雕刻工艺难度高，它是文化、艺术、技术的综合体。徽墨背后有着不同的社会身份与行业关系网络，是一个由多元身份场域、文化观念构成的社会情境与关系网络。这些环节的墨家、画家、刻工、藏家的工艺水平、创作思想、雕刻技艺、收藏品味的影响，共同推动着徽墨艺术的发展。多元的身份角色作为文化场域中的积极力量，推动徽墨发生机制的群体关系网络及其生命形态的形成。

一、墨家的主导

随着社会的发展，家庭手工业规模开始难以跟上不断增长的社会发展需要，产业化的雇佣生产模式逐渐取代"家传世袭"的传统生产模式，于是自然而然也有了墨肆的形成。一般较为成功的墨工会一边坚持子承父业的传统，一边招收徒弟，雇佣伙计开设墨肆。墨工既能参加点烟制墨的生产制造，又能同时从事经营销售；"无论是自己制造，抑或雇佣墨工制造，一律称为墨家。就是说，自制自营也好，自营雇工也好，一律通称为墨家"[1]。明末麻三衡的《墨志》中曾统计明代徽州制墨名家就有120多位，墨宝甚至销售至国外，如日本、东南亚国家等。清代造墨落款的人多，但是否为墨家本人难以明确，且关于墨家文字记录没有明墨多。

历史上制墨家众多，难以计数。多数制墨家在制墨过程中

【1】尹润生．墨林史话 [M].
北京：紫禁城出版社，1986.

并没有留下自己的名字，明清时期留存的徽墨大多只标有斋号、墨名（表 2-2）。制墨家的大量出现，引起制墨行业的激烈竞争，为了赢得市场，制墨家不断追求创新，不仅在墨的质量上严格要求，更在选料、配料和制作时力求更新，推动了墨品种类的丰富。在墨的装饰、造型上，注意运用书法、绘画、雕刻、髹漆、描金等装饰手法。激烈的竞争，导致一些清墨的艺术价值高于使用价值，墨家大量加入制墨行业，创新思潮是推动徽墨艺术发展的主导因素。

表 2-2　明清制墨家人名与别名、肆名、代表性作品、图例

制墨家	肆名	代表性作品	图例	制墨家	肆名	代表性作品	图例
邵格之（正巳）	玄石山房	元皇天符、墨精清郡玉、功臣券葵花墨、梅花妙品、紫金霜		孙瑞卿		三秋图、神品墨、千蹄寸玉、玄精、龙凤、杏花燕子	
罗小华（龙纹）	水云居	龙涎香墨、世宝墨、半核桃墨、小道士墨、玉虎符		汪鸿渐	水云居	玄虬脂、鑫斯、大国香、黄金台、香精	
方于鲁（大潎、建元）	美荫堂	四字玺、龙纹墨、海会墨、香草块九玄三极		叶玄卿	苍苍室	太乙玄灵、龙凤呈祥、仙居台阁、世宝、螺舟、二酉山歌	
潘嘉客（一驹）	慧业斋	吉云露、紫极龙光、大国香、麒麟、金质		叶向荣	青蔡斋	文嵩友	
程君房（大约）	还朴斋	太极图、河图、洛书、龙凤呈祥、国玺、竹林七贤、日月九道		程公卿	真实斋	凤麟胶墨、卿云露、玻璃光、掌珠、书画舟、尊胜幢	
潘膺祉（方凯）	茹苇轩	云里帝城双凤阙墨、天宝九如、开天容、石莲秘宝		汪时茂	守玄室、韫文堂	苍龙液、四美鼎、蓬莱岛、大国香、西子黛	

制墨家	肆名	代表性作品	图例	制墨家	肆名	代表性作品	图例
程凤池	经义斋	千岁苓、世宝、乌金、灵椿年、紫龙涎		吴尹友	澄碧斋	诗中画集锦墨	
朱一涵	考古斋	双淳化光、青麟髓、千秋光、乌玉块		曹素功（圣臣）	艺粟斋	紫玉光、西湖十景、新安名胜、富贵图、潇湘八景	
程季元	清芬斋	龙纹墨、千秋光、青麟髓		王丽文（士郁）	漱芳斋	松滋十友、秀桐液、文圃菁华、五经笥集锦墨	
吴叔大（天琛）	玄粟斋	天琛、廖天一、蒲璧、千秋光、凤九维墨		程义（正路）	悟雪斋	伊洛渊源、翰墨林、西院雅聚、岁寸、紫阳易墨	
吴拭（去尘）	浴砚斋	无名朴、袭明、国宝、写经墨墨光歌、紫金光聚、九贡		程怡甫	尺木堂	易水遗法、古松心、青云路、香壁、金壶汁	
吴守默	延绿斋	尚书奏草、秋水屏、沧浪亭墨墨仙六种、苍玉佩八种		汪节庵（宣礼）	函璞斋	古松心、览辉堂、易水余香、寿福康宁	
吴天章（倬）	青琅轩	龙宾十友、鹿鸣、丰城双剑一床书、雕龙		程后村	五云斋	凤凰仪、千金不易寸、千岁苓、双竿比玉、此君	
汪近圣（元林）	鉴古斋	御制耕织图、御笔题画诗、夫子壁长庚图、辋川图诗墨		胡开文（天注）	胡开文	龙凤翔舞、八仙过海、小巫山樵书画、乐老堂录古训	
程一卿	佩韦斋	凤块墨、礼堂写六经、大藏写经、金膏水碧黄山图		胡子卿（贞权）	奎照斋	如意、春在堂、玉海堂、大富贵亦寿考、八仙、苍云珍品、写经墨	

图 2-7

若作梓材，既勤朴斫《程氏墨苑》卷十《儒藏（下）》（丁云鹏绘制）

图 2-8

玄岳藏书《程氏墨苑》卷三《舆图（上）》（丁云鹏绘制）

二、画家的参与

墨模、墨谱是除墨的实体之外，古代徽墨艺术研究中值得参考的重要历史资料。除少量存世墨模外，墨谱可以让我们更全面地了解墨的图式、质地、墨家、墨品或流程，墨谱分类有制作类、图谱类、笔记类、题赞类、收藏类、集成类、墨志、墨印拓片。其中，图谱类墨谱中最引人瞩目的是《程氏墨苑》《方氏墨谱》，"通过这两本书可以了解明晚期墨的艺术性"[1]。郑振铎先生称《程氏墨苑》是国宝，它既是一部珍贵的墨谱图样资料，也是精美的版画作品杰作。《方氏墨谱》和《程氏墨苑》的图样来自玉器、瓷器、漆器及徽州当地的石雕、木雕、砖雕，但除去这些现成的图案外，还有许多是由专门画家设计或从绘画作品中转化来的。这两套墨谱绘制以精细见长，题材内容广泛，刻工要求十分精细，是十分珍贵的艺术作品集。

《程氏墨苑》的画稿是由丁云鹏、吴廷羽、汪博玉等人绘制的（图 2-7、图 2-8），《方氏墨谱》的主要作者也是丁云鹏等人。一些文人画家偶尔也会参与墨谱的设计，但不像画家丁云鹏是以版画设计为职业。丁云鹏生活于徽州，擅长儒释道人物画，佛祖、菩萨、罗汉在他笔下栩栩如生，是仇英之后最著名的人物画家，他对徽州的版画发展起到了一定作用。两部墨谱都大量录用他的绘画，一方面是因为他绘画的艺术造诣，另一方面是想依托他在绘画界的地位提升墨的艺术价值。

一些宫廷御墨的画稿是由宫廷画师绘制，他们本身具有较高的界画绘制水平，如四库文阁御制墨是由宫廷画师

【1】梅娜芳. 墨的艺术：《方式墨谱》和《程氏墨苑》[M]. 南宁：广西美术出版社，2012.

彭元瑞绘制的。

三、刻工的技艺保障

明清时墨家众多，墨模数量多且精品迭出。墨模雕刻与徽州版画的发展互相影响、互相推动。徽墨艺术表现力的提高与墨模雕刻技艺提升与否有最直接的关系，所以墨模雕刻能够集中体现书法、绘画、金石、深浅浮雕、圆雕的艺术水平。对于刻工，目前虽然没有文献专门调查与研究，但显而易见刻工的技艺水平是徽墨艺术表现力的关键技术保障，即刻工的培养是徽墨艺术传承的关键，刻工本身必须具有较高的书画修养与艺术理解力。

四、鉴墨藏家的推动

单从制墨家的角度，会发现他们一直注重在制墨的装饰艺术中注入文化内涵。同样鉴藏墨者对墨的收藏绝不仅限于把玩，大多数文人雅士对徽墨品质的认知和艺术表现的品位，将墨的收藏水准都提升到新的高度，提高了徽墨艺术的文化含量。清张仁熙在其墨谱《雪堂墨品》中记载了宋荦（清代诗人、画家、政治家）收藏的墨品，其中的《墨论》，记载了当时藏墨者对墨的痴迷程度。

"……陈惟达之墨，与麝并藏一匣，十年而麝气不入，自作松香耳。盖肤理坚密，不受外薰，人如此者，何患世俗之靡耶？故曰可以隐。吕行甫好藏墨而不能书，时磨而小啜之。石昌言藏墨，不许人磨。李公择见人墨辄夺。苏子瞻蓄墨至七千挺，遇天气晴霁，辄出品玩。而潘谷见秦少游所藏廷珪墨，即下拜曰：真李氏物，我生再见矣！王四学士有之，与此为二也。此与杜《左》嵇《锻》、嗜石而拜、好书而发冢以求呕血以思者无异也，故曰可以癖。墨有经，有书，有史，有苑，有辩。有临帖之墨，有画墨，有楷书墨，有写经墨，而《程氏墨苑》自玄工、舆图、人官、物华、儒藏、缁黄、建纬、授词种种胪列，故曰可以博物。吴元中起草，令婢远山磨隃麋墨，文既佳，故曰可以文。奚超入新都，语刺史陶雅曰：始公岁取墨不过十挺，今数百挺未已也，何精焉？以超之能，多则不精，故曰可以悟为文之理。初虞世，名士也，善医，好夺人藏墨，人至以男早魃名之。然每得佳墨，必以遗黄山谷，曰：山谷孝于其亲，吾最厚爱。故曰可以教孝。尤子之墨，藏于松烟，本姓长生，孙子图边。郑氏《昏礼谒文赞》也，故曰可以佐《礼》。洪觉范禅师云：司马温公无所嗜好，独蓄墨数百斤。或以为言，公曰：吾欲子孙知吾用此物何为者也。呜呼！司马公岂玩物丧志者耶？独垂训于后世如此。金章宗用苏合油烟墨，后人以黄金倍易，无觅处。唐明皇好墨，墨精化为人，如蝇大，行砚间酬对言语。人主以好墨，名墨卒不可得。明皇墨精，不过与梨园妖姬等，君如此，又何称焉，故曰可以戒侈。若夫地有墨山，天有墨泉，韦仲将制必以时，捣三万杵乃发坚光。王迪用远烟鹿角胶而自生龙麝，穷神尽思，妙不可追。此殆未易一二为俗人言也。牧仲使君好墨，与予有同嗜者，因举其大者以告之，作《墨论》。"

宋代赏墨、藏墨兴盛，如司马光藏墨多至几百斤，苏东坡藏有七十多丸好墨，不仅蓄墨，还亲自点烟造墨。李公择见到好墨就想求取。明清两代更是藏墨家辈出。文人藏墨的目的不是为了使用，多是"不许人磨"。对于买来的墨持玩不厌。墨在古人的心中，从书写的材质转变成藏品，成为贵族和文人闲暇时收藏、把玩的艺术珍品。

就收藏而言，墨属于消耗性藏品，所以流传有限，系统性的收藏更为不易。传世品中，明墨仅千余锭，而清墨存量较大，占据藏品主流。

在历代鉴藏家中，有书画家、学术家、政治家等，如宋代的李孝美、苏轼、司马光，明代的董其昌、梁清标、项元汴等，清代的吴昌绶、盛昱、张博英等，现代有周作人、叶恭绰、尹润生、张綗伯、李一氓、周珏良、周绍良、石谷风等人。从明末开始，著录名墨的著述开始增多，为后世藏墨提供了参考。这些文人墨客精藏墨，喜鉴赏，他们对墨收藏、欣赏、品味、鉴定并评论，对于墨的设计水平提升，墨文化的研究，墨的保护、传承和发展起到了巨大的推动作用。

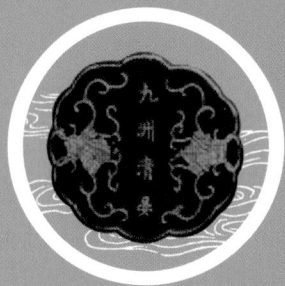

第三章 徽墨艺术的美学构成

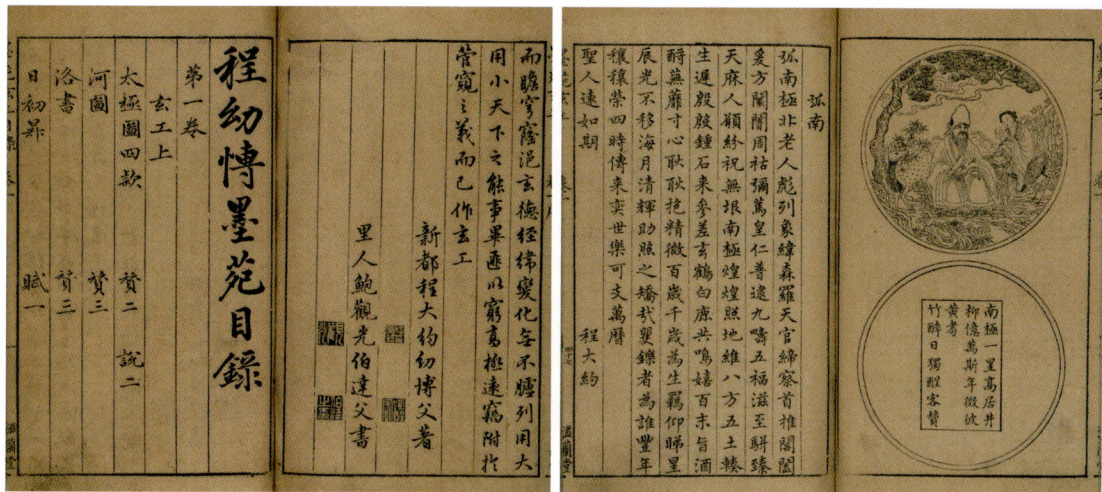

图 3-1

《程氏墨苑》局部

中国徽墨是技术与艺术相结合的综合体，随着徽墨制作工艺技术的进步，徽墨的造型与纹样表现的形式越来越丰富。从最初简单的几何造型到集锦墨的出现，从花鸟图案、山水人物、建筑景观到书法铭文，大千世界的万事万物经过巧妙构思，按照一定的造型方法、组织形式和色彩搭配原则，转换成集变化与统一为一身的有机结合体，在集众艺于一身的"黑色"艺术中展现出千变万化的形貌，充分体现了中国传统文化中特有的形式之美与这门"黑色"艺术的结合。

徽墨的纹样采用了多种题材，且会运用多种不同的表现方式以达成一定程度的美学构成。本章对徽墨的造型和纹饰进行归纳总结，来源主要有四个方面：一是明清著名图谱式墨谱，这些图谱式墨谱在将各种题材以丰富且有特色的形象表现出来的同时，极大地丰富了徽墨的题材和内容，最为著名的有明代的《方氏墨谱》、《程氏墨苑》（图 3-1）、《墨海》、《鉴古斋墨薮》等。如《方氏墨谱》中题材分为六卷，分别是国宝、国华、博古、博物、法宝、鸿宝。《程氏墨苑》题材分为玄工、舆图、人官、物华、儒藏、缁黄六部分，共十二卷。这两部墨谱题材已相当广泛，内容涉及天、地、人、物、儒、道、释。二是以现代藏墨大家藏墨拓本为基础，包括周绍良、尹润生、石谷风等鉴藏墨大家收藏的自明清至现代的徽墨图录。三是全国各地博物馆馆藏的墨品，包括故宫博物院、台北故宫博物院、安徽博物院的藏品。四是由现代各大徽墨企业提供的设计作品。

图 3-2

"八卦"油烟墨

第一节 徽墨造型的基本样式

徽墨的造型多样，"明代制墨家方于鲁收集、整理出三百多种徽墨的造型与样式，分为规、禹、挺、圭和杂佩五大类。即圆形、方形、长方形、上圆或剑头形和不规则形。在这些造型样式中，又有璋形、绮形、玉佩形、牛舌形、圆璧形、蝉形、砚形、碑形、鼎形、钱币形、塑像形、玉玺形、异兽形、果品形等形式。墨谱中对墨造型的收集、整理对我们研究徽墨以及后人制墨都提供了极大的方便和参考价值"[1]。根据明清以来收集的墨谱的造型样式，本节将徽墨按照几何形态、仿生形态、仿物形态和人物形态进行分类（图 3-2 至图 3-4）。

图 3-3

"千年龙头"朱砂墨

图 3-4

"龙舟笔架"朱砂墨

【1】张伯元. 文房四宝 [M].
上海：上海文化出版社，2001.

© 中国徽墨艺术

一、几何形态墨

造型为圆球、椭圆体、立方体、方柱、圆柱或多面体等具有一定构成规律的墨为几何形态墨。《墨法集要·样制》中提出墨的样式虽然没有大小厚薄的限制，但是厚大的墨制作工艺较难且用料多，不便于使用。薄小的墨虽然出墨效果较弱，却相对容易使用，正如《墨法集要·样制》中提出的"墨工不喜为厚大。要之，厚大虽可贵，不若三四两者得其中也"。

根据人体工程学和储存、制作条件，众多徽墨造型之中最普遍的一种就是长方体造型，它以适宜于手握研磨为准，尺寸需适中（图3-5、表3-1）；长方形墨在边角上有许多装饰小细节，如方角、直角、圆角、委角等，无边或镶边。这些装饰细节与内容呼应、协调，外形庄重不失丰富。就使用而言，长方形易于把握，易于施力，在揉墨过程中，臂力的唤起及锻炼对于书法写作中力道的形成是很有必要的。圆形的徽墨也是数量、品种较多的常见造型之一，也有将它的边缘进行变形（如

图 3-5

"天老对庭"长方形墨

花瓣形状的墨），圆形似饼状，所以古人也用"饼"作为墨的计量单位（图3-6、表3-2）；椭圆形，又称牛舌形、梭形、长圆形、腰圆形，多见于模仿明代极为流行的仿古墨（表3-3）；多边形徽墨通常由多条长度相等的线段组成，如八边形、十二边形，也可除去四角呈十字形（表3-4）；柱形徽墨常由长方形、圆柱形、扁圆柱形墨刻图纹铭字的形式构成（表3-5）。

这些常见的规则形态，在统一中求变化，在同类中求对比，在对称中求均衡，韵律中求节奏，体现了传统的形式美法则。

二、仿生形态墨

除了几何形态墨，徽墨造型还有大量的仿自然物形状，可称为"仿生形态墨"。这些形态各异的墨常被做成观赏墨供文人墨客欣赏收藏，其中珍玩墨、礼品墨中仿生形态墨数量最多。

图 3-6

"召伯甘棠图"镶边式圆饼形墨

图像为召公在甘棠树下为百姓排忧的故事。寓意慎终追远，效法先贤。

表 3-1　长方形墨造型分类

表现特征	造型特征	图例	
		镶边式	无边式
方角长方形	四角为直角的长方形		
圆角长方形	四角为圆角的长方形		
委角长方形	四角切成小斜碑形		
加云头长方形	上部有不规则云纹的长方形		

表 3-2　圆形墨造型分类

表现特征	造型特征	图例	
		镶边式	无边式
圆饼形	一般为正圆形		
花瓣形	边为花瓣形		

表 3-3 椭圆形墨造型分类

表现特征	造型特征	图例	
		镶边式	无边式
椭圆形（舌形）	与牛舌形状相似		
长圆形	两端圆润，两侧边缘呈方形		

表 3-5 柱形墨造型分类

表现特征	造型特征	图例
长柱形	长柱形墨刻图文铭字	
圆柱形	圆柱形墨刻图文铭字	
扁圆柱形	扁圆柱形墨刻图文铭字	

表 3-4 多边形墨造型分类

表现特征	造型特征	图例
八边形	八条长度相等的线段	
十二边形	十二条长度相等的线段	
十字形	去除角呈十字形	

表 3-6 人物、自然物、器物墨造型分类

造型	举例	图例
人物	寿星、八仙	
自然物	动物：神兽、狻猊、鸠等	
	植物花卉：竹子、竹笋、玉兰、荷花等	
	瓜果：杨梅、荔枝、核桃等	
器物	仿玉器、乐器、铜器、砖瓦等	

自然物多是动物、植物题材；仿生形态墨形体各异，如故宫博物院所藏的明方林宗的鸠砚式墨，明邵琼林的杨梅式墨，潘嘉客荷瓣观音墨，安徽博物院所藏墨如清胡开文的秦权墨和胡开文地球墨等，都属于造型独特的异形墨，设计别具匠心，都是珍玩墨中的精品（表3-6）。

三、仿物形态墨

仿古物的题材墨多为仿玉、碑、泉、尺、琴、瓶、砚台、石鼓、竹简、砖瓦、铜器等（图3-7至图3-9）。明清工艺陈设之用，不仅实用美观，也求"礼藏于器"的思想。"仿古"是清代工艺中常见的设计主题。此时墨的功能不仅仅满足于实用功能，作为必备书写工具还具有承载文化、精神追求、美好寓意的功能。

四、人物形态墨

人物形态墨多见于清代，常见的是寿星、八仙的形象，还有如安徽博物院藏清墨"人磨墨墨磨人墨"构思奇巧。此墨为一套两锭人形墨，其中一锭通体漱金，另一锭为本色。人物为古装人形，用双手将圆形的、刻有"人磨墨墨磨人"六个字的大墨托于胸前。人背刻有楷书"乙酉首夏肖琴甫倩胡开文造"

图 3-7

程君房制碗形墨

图 3-8

"守口如瓶"仿花瓶形墨

图 3-9

"福禄寿"仿砚台形墨

款识。"人磨墨墨磨人墨"形象地表达了爱墨之人爱墨成癖，苏东坡曾以"非人磨墨墨磨人"自嘲，这一人物造型是明清制墨家常见创作题材（图 3-10）。

第二节 徽墨的纹饰与题材

徽墨纹样在生产之初，受到意识形态的束缚，再加上生产技术的限制，早期徽墨以龙、凤、少量文字、简单花纹为主要表现内容。墨面纹样在明代早期其实并不繁复，但随着时代不断进步及社会观念的不断改变，人们对自然也愈加熟悉，审美视野和取向逐渐变化，徽墨纹样的题材范围也随之扩大。从嘉靖时期开始，对于墨的装饰愈发重视，各种飞鸟

图 3-10

人磨墨墨磨人墨（现藏于安徽博物院）

鸣禽、花草树木、建筑、人物等具象化，写实性、书画式题材纷纷进入徽墨领域，并以写实或写意、生动、自然的形象作为装饰纹样的主流。至万历时期，愈来愈多的制墨家如雨后春笋般涌现，墨面纹样题材更加丰富，墨谱产量激增，制墨行业的竞争日益激烈。明晚期开始墨商对徽墨的图文装饰追求达到顶峰，力求新颖独特的装饰效果。自清代至当今，徽墨的装饰题材已无所不容，传统的题材一直在延续，新的徽墨题材随着时代的发展与需求不断地拓展，徽墨作品在发展中留下了深刻的时代印记。

一、自然题材纹样

徽墨纹样中运用的自然题材包括动物、植物、风景、自然现象、物产、珍奇宝石等。

动物（如传说中的龙凤呈祥、五牛图、太平有象、五鸟叙伦）、植物（如松烟、墨菊、玉兰花、桃叶、九英梅）、风景（如神话传说中的山川白岳灵区、黄山胜迹、虎溪三啸等）、日月（如日初生、日月重光、月初弦、日月九道、天保九如等）、星宿（如紫薇垣、北斗七星、二十八宿图、景星图等）、云气（如结蜃楼、石香云、法云等），海水、物产（如黑丹、固元天膏、金膏水碧、不其、石烛等）、珍宝奇石（如连理石、苍山岩、螺黛、画眉黛、修蜃等），见表3-7、表3-8。徽墨中对于文人喜好的传统自然题材符号的运用多来自儒家的"比德"观，还有墨的起源探究、吉祥祈福等。

明清徽墨图像设计构思多来源于绘画与文学作品的结合，

表 3-7 《程氏墨苑》中的自然题材（一）

题材内容	山川	建筑	物产	自然题材（地）自然物			
				动物	植物	珍宝奇石	云气
纹饰图片							
表现形式	虎溪三啸	葵亭芩塞	黑丹	五牛图	青灵芝	连理石	石香云
器形	圆饼形	圆饼形	方角长方形	八边形	圆角长方形	圆角长方形	委角长方形
正面纹饰	铭文题字	铭文题字	铭文题字	有关五牛图诗句	铭文题字	铭文题字	铭文题字
背面纹饰	高山流水、松树、木桥	楼阁、高山流水、草木	高山、流水	牛群	灵芝、草木	黑石、流水	浮云、黑石

表 3-8 《程氏墨苑》中的自然题材（二）

题材内容	自然题材（地）自然物				
	星宿日月	天文历法	神仙天官	皇帝国玺	宇宙观相关的哲学思想
纹饰图片					
表现形式	月初弦	紫薇垣	月官杵墨图	国玺	太极
器形	圆饼形	圆饼形	圆饼形	八边形	碑形
正面纹饰	铭文题字	铭文题字	铭文题字	铭文题字	有关太极诗句
背面纹饰	弦月、云纹	紫薇星图	嫦娥、玉兔、宫殿、植物	玉兔、龙、丹鹤、斧等	太极图

目前可见的明清有关自然山水题材的徽墨作品多以描绘自然山水、园林风景为主，其间穿插人物，表现文人雅士以琴棋书画为主要活动的聚会场面。如乾隆年制"彭元瑞恭摹御题诗文"墨，此墨正面摹刻张宗苍"春流出峡图"，山峦连绵起伏，连接天外，一叶扁舟随风漂流；背面填金御题诗"水驿山途各邁程，问谁忘世浔无营，九龙一幅萧萧笔，别有悠然访荔情。丙子春御题"钤"乾隆宸翰"印（图 3-11）。诗、书、画、印四种艺术形式融合于完整的墨体。

又如方于鲁制"凌烟阁聚贤写图"墨，上部有对称的两条适合式角隅龙纹图案，中间是隶书"凌云烟阁，聚贤写图"八个大字，下部是篆书"隆庆御览之宝"方形印章款；背面的浮雕有白云、楼阁、松树、垂柳以及 24 位功臣（图 3-12）。此墨纹样为真实感建筑界画、装饰感云纹为主，多动态人物点缀其中。画面注重故事情节的刻画，而人物在画面中所占的比例较小，楼阁占据的面积较大，且对楼阁细节的刻画入微，多

图 3-11

清乾隆年制"彭元瑞恭摹御题诗文"墨

图 3-12

方于鲁制"凌烟阁聚贤写图"墨

种浅浮雕技艺并用。界画表达的是精准工细，而文人画表达的是隐逸、自我情感表达。元汤垕《画鉴》中言："世俗论画，必曰画有十三科，山水打头，界画打底。"界画从元代开始已从绘画领域转向工艺装饰领域发展，明清徽墨中界画建筑更为多见。徽墨中的楼阁门窗、屋脊瓦楞历历分明，似界画中所绘楼阁，其构图也是截取了绘画中的某一个场景。与绘画作品不同的是，徽墨由于受到器物自身形制及装饰面积的限制，画面必须精简场景并且主题突出，所以在构图方式上需要重新设计，以提取楼阁与主要人物为表现元素，再结合徽墨多种形制，设计成一种新的视觉形式。

二、人物题材纹样

徽墨中以人物为题材的纹样包括人物典故（如文犀照水、世掌丝纶、饮中八仙、黑松使者、伯乐相马、海屋畴、礼堂写

表 3-9 《程氏墨苑》中的人类社会活动题材

题材内容	人类社会活动题材				
	人物典故	人的活动	人造物	历史人物	古器
纹饰图片					
表现形式	庄生化蝶	世掌丝纶	书画船	竹林七贤	九鼎
器形	圆饼形	方角长方形	圆饼形	方角长方形	圆饼形
正面纹饰	铭文题字	铭文题字	方角长方形	铭文题字	有关九鼎诗句
背面纹饰	庄生晓梦、山水树木	庭室人物、草木山石	船只、草木流水	文人活动、竹林小溪	九鼎纹、山纹

六经、兰亭高会）、人物活动（如修禊图、耕织图、百子图、棉花图）、历史人物（如竹林七贤、墨池、何休学海）（表3-9）。除单独的人物纹样墨以外，明清时期结合山水的徽墨人物纹样变成主流，人物及其社会活动有一定的趣味性和寓意。人物典故中的纹样除去人物，山水也是重点，因有对雕刻技艺的要求，故画面注重景物和人物的层次感；人物典故的大量应用，使明清代徽墨的故事性增强。

三、儒释道三教题材纹样

徽墨中的三教题材包括儒家题材如《诗经》《尚书》《礼记》《春秋》《周易》等儒家典籍，佛教题材包括法器、佛教植物、佛教掌故、高僧等。道教题材（包括海上仙山、仙草灵芝、仙人及其故事三类题材），见表3-10。如取自《神仙传》、老庄中的故事，以及太上老君、度索蟠桃、霞城丹鼎等。三教主题

表3-10 《程氏墨苑》中的宗教题材

题材内容	宗教题材		
	儒家题材	道教题材	佛教题材
纹饰图片			
表现形式	甘棠	异鱼吐墨	天女散花
器形	圆饼形	长圆形	圆饼形
正面纹饰	铭文诗句	铭文诗句	"妙舞宝轮"、梵文字
背面纹饰	文人、植物	文人、柳树、大鱼、流水	天女散花

图 3-13

异鱼吐墨

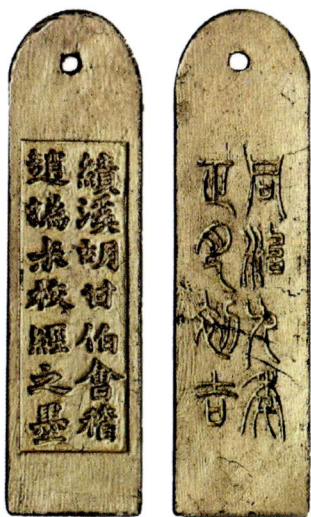

图 3-14

赵之谦、胡澍合制墨图

绘画历朝历代都有发展，并产生了大量不同主题的画作，这背后体现出古人对儒、释、道三教的态度，多无高低之分，主要体现了古代文人追慕高贤的思想。程君房制"异鱼吐墨"墨（图3-13），墨身呈四边有弧度的方形。一面模制"异鱼吐墨"图，一老者居中，姿态安详，衣着不凡，二侍者分居左右，高举芭蕉扇，以奉老者。三人同时俯视岸边脚下一条大鱼，鱼身出水于岸，口吐两墨。近处杨柳低垂，远处波光粼粼，流水尽头群山透迤。另一面以"异鱼吐墨"主题诗文修饰。构图以全景式为主，注重对故事背景环境的整体空间表现。图像叙事具有强烈的情节感特征，真实地表现了道教文本故事的本来面貌。

四、书法铭文题材纹样

书法铭文题材纹样包括金石铭文，如赵之谦、胡澍合制墨图（图3-14），墨形如古碑碣状，形制上圆下方。两人是金石挚友，书风互有影响，观点一致。联名共制此墨，有共勉、留念之意。文人书法创作，如曹素功富贵图集锦墨，墨面为一通景画，绘牡丹植于山石间；每锭墨背面各用篆书、隶书、行书、楷书题诗一首；每锭一侧刻标识性铭文"乾隆壬寅年"，另一侧刻标识性铭文"歙曹素功监制"，顶侧刻"贡烟"（图3-15）。一般在墨的正反面均刻有墨锭的基本信息标识，如墨名、墨铭、制墨者（墨肆名号）、墨店款识、制墨时间、委托人姓名斋号以及对制墨缘由的记录等文字，这些是墨锭的基本信息，比较常规的文字墨均是将此类信息标注于墨面上。

　　明清文字墨中，清代大量文字墨出现的时间正是国力鼎盛之时，在人力与财力的雄厚基础之上出现的。"乾隆时期考古

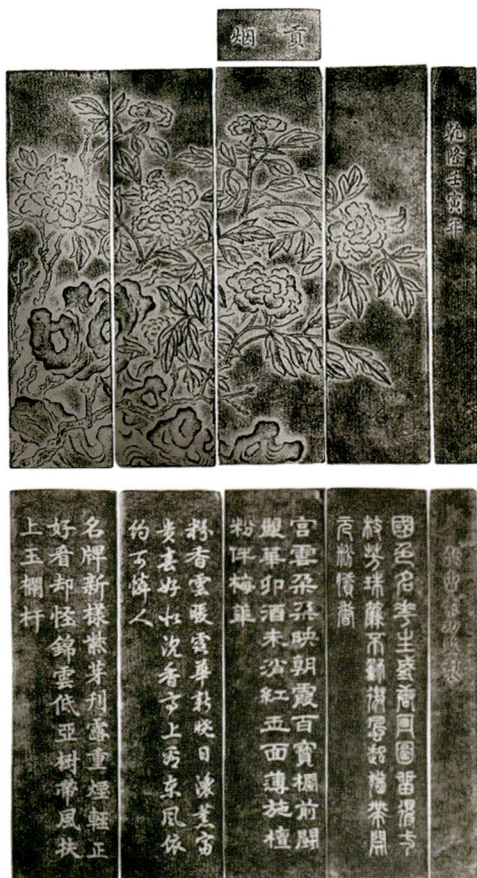

图 3-15

曹素功"富贵图集锦"墨（每锭墨高8厘米，宽2厘米，厚1厘米）

图 3-16

金虎符（《方氏墨谱》卷二"国华"）

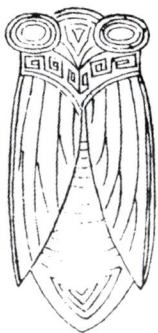

图 3-17

玉貂蝉（《方氏墨谱》卷三"博古"）

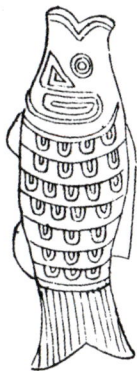

图 3-18

玉鱼佩（《方氏墨谱》卷三"博古"）

文物陆续被挖掘，元明以来衰落的金石学又逐渐兴盛起来。徽墨中出现仿石碑、石鼓、古钱、玉器、砖瓦、佛塔等金石造型，显示了金石学的兴盛。由于碑学书法的应用，徽墨铭文摆脱了单一的馆阁体，因此清代徽墨的铭文书法显得多姿多彩。甚至出现了一部分满文墨。"[1]书法家、金石学家的参与制作使明清书法、金石学的研究范围进一步拓宽。

第三节　徽墨纹饰的表现方式

一、图案变化式表现

图案变化式是以自然对象为基础，徽墨中的图案是作者根据主观感受对物象进行某种方式的艺术处理，处理的手法有简化法、添加法、组合法、夸张法、几何法、寓意法、分解组合法。明代徽墨的纹样多以图案变化的形式出现较多。

简化法：寻找并表现物象最为亮眼、最具自身特色的特点，通过归纳、概括、省略的手法使最终呈现出单纯、完整的代表符号，以强化整体特色的表现，如《方氏墨谱》卷二"国华"中的"金虎符"（图 3-16）。虎符在春秋战国时期较为盛行，隋朝前多为卧状。其形象常用于军事上。其简化法造型加强了整体感，体现了军事制度的威严。

添加法：在归纳、精练的基础上，为增加图案联想的装饰情趣和浪漫色彩，根据设计需要添加装饰纹样，如《方氏墨谱》卷三"博古"中的"玉貂蝉"与"玉鱼佩"（图 3-17、图 3-18）。在仿生造型基础上增加了几何雷纹、鱼鳞纹等辅纹，

【1】孙景宇.清代徽墨装饰艺术的演变及其原因研究[D].上海：复旦大学，2014.

丰富了整体装饰。

夸张法：强调、突出自然物象中能够引起美感的主要部分，使原有的形象特征更加鲜明、生动，更加典型。如《方氏墨谱》卷五"法宝"中的"玄海咳珍"（图3-19）。将植物特点夸张、提炼，呈现鲜明、生动的形象特征。

几何法：抓住物象的特征，把富有变化的物象处理成几何形状，使其更具有理性美和逻辑美感，如《程氏墨苑》卷三"舆图上"中的"孟京产"（图3-20）。"孟京产"意为天然书写材料石墨的两个重要产地：孟山、京山。几何化的山石极具装饰感、神秘感。

寓意法：通过谐音、特点等方法，赋予自然物象一定的象征性和寓意。多用于民间图案和吉祥图案，如《方氏墨谱》卷三"博古"中的"龙门"（图3-21）。

分解组合法：将自然对象加以变化、分割位移，再通过并列、重叠、交错、反复、转换、旋转等手法重新组合。此

图 3-19

玄海咳珍（《方氏墨谱》卷五"法宝"）

图 3-20

孟京产（《程氏墨苑》卷三"舆图上"）

图 3-21

龙门（《方氏墨谱》卷三"博古"）

图 3-22

天禄（《方氏墨谱》卷五"法宝"）

法可将多种物象分解，把具有美感的局部重新加以组合，构成一个全新的图案形象，如徽墨传统图案中的龙凤形象，如《方氏墨谱》卷五"法宝"中的"天禄"（图 3-22）。多数传统瑞兽形象多用此法合成。

二、书画式表现

明晚期开始，徽墨上的纹样大量出现中国书画式的构图特点。中国画的构图打破了时空限制，运用了散点透视法和自由组合式构图法，在审美追求和形式表现上具有典型的个性化的民族风格。对徽墨绘画式构图影响较大的是新安画派。明末清初，突起于皖南的新安画派风格鲜明，以描绘自然山水风光为多，师法自然，强调人文精神。

新安画派常用三段式构图，近、中、远表现河岸、江面和远山。这种书画式纹样在构图方法上普遍追求的是一种相对平面的审美趣味，注重画面的上下左右间位置的经营。画面常以现实对象为基础，但又不局限于生活中的形体和色彩的真实性，而是依照主题的需要和形式美的法则，强调造型中的某些元素，经过写实性的变化和归纳，形成装饰性意味的作品，具有传统的浪漫主义精神。徽墨中常见以体现一个画面包含多个视点的散点透视组成的独特构图形式，这是受我国传统艺术风尚和欣赏习惯影响的结果，也是中国画构图发展中的一个重要的美学特征。

中国古代民间传说"十二生肖祝寿图"墨，此墨形似仙桃，正面摹刻十二生肖齐聚蓬莱仙岛，南极仙翁设宴款待的喜庆场

图 3-23

天启元年程君房制"十二生肖贺寿图"墨

景；背面刻"十二生肖贺寿图"，下钤"寿比南山不老松"印；侧面署刻"天启元年程君房造"（图 3-23）。该墨构图为中国的十二生肖化身神仙集聚，身着服装围坐一起给寿星祝寿的场景，表面整体构图组织了数十个人物，其中还穿插表现了遒劲有力的松树、飘逸的祥云、瓜果美食等，整个构图几乎没有空白，画面安排疏密得当、错落有致，动态感十足。全景浅浮雕式构图似传统中国画中的散点式构图，在徽墨方寸之间以及固定外形基础上形成主题明确的画面，且具有强大的叙事功能，描述人们喜闻乐见主题故事，难度较高。此类构图在徽墨表面以浅浮雕的形式造景，画面几乎不留空白，通过大小不一、疏密相间、繁简不同的形体塑造出虚实相生的艺术空间，形成书画式全景浅浮雕构图。

中国画的另一个重要标志是集诗文、书法、绘画、印章四门艺术形式同时出现在一幅作品中的绘画样式，是文人画时期发展最为成熟的构图方式，具有完整的画面意境。徽墨的装饰构图以诗、书、画、印结合的中国画方式出现，使得人们在欣赏徽墨艺术的同时，还能获得多方面的艺术满足，如西陂珍赏墨，面镂山水，精美雅致（图 3-24）。正面铭"蟹舍秋风吹，荻枝坚可截。织薄衡茅间，暂把鱼经辍。偃仰幽事多，好待鹿门说。纬萧草堂"。此墨著录于《尹润生墨苑鉴藏录》，收藏价值极高。明清文人们对于元代文人画中所体现出来的"逸趣"审美，并做出了深刻的总结。文人们将诗意化的审美观融会于徽墨之中，将"逸趣"的意象空间落实到画面的构成，展现了其独特的存在价值。画面构图没有以全景式山水构图为主，没有注重常有的高远和深远的层次空间的表达，而是在画面中段以大面积的空白阻隔开近景与远景，由此造成一种略带俯视感的平远构图，留白的构图是文人心灵空间在徽墨山水上的映射。

中国画追求画面有无深远的画面意境，画意是更深层次的要求。文人画不求形似，重写意，对笔墨和韵味的追求超过造型。"写意"与"写实"相对，是艺术家忽略艺术形象的外在逼真性，强调事物内

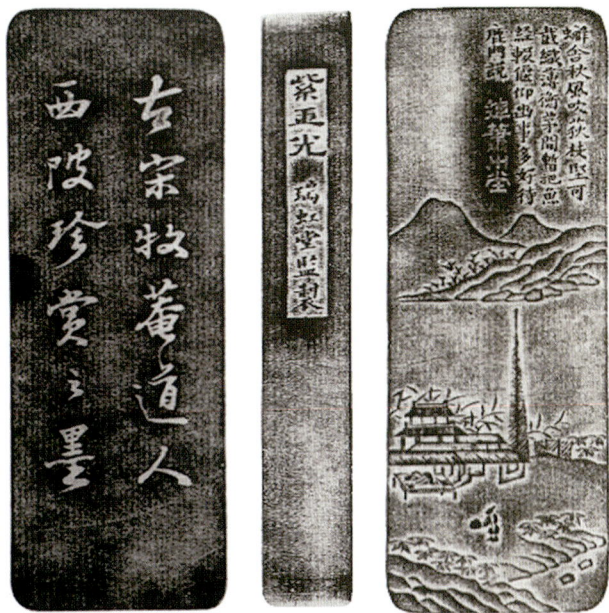

图 3-24

西陂珍赏之墨面镂山水，右上角镌《西陂杂咏》中《纬萧草堂》一首，背行书两行"古宋牧庵道人西陂珍赏之墨"十二个字，一侧刻隶书"紫玉光"三个字，下楷书"瑞虹堂监制"五个字

在精神和表现的艺术创作手法。要求在形象之中有所蕴涵和寄寓，让"象"具有表意功能或成为表意的手段。这是中国艺术审美的重心自觉转向主体性的标志。[1]徽墨通过立体、多面造型，将二维国画中的诗、书、画、印元素分别展现于墨的正、背两面。在墨模雕刻时刻工对于中国书画需要进行深入的了解，并具有相关的艺术创作经验，如歙县老胡开文墨厂专门成立墨模雕刻师书画创作工作室（图3-25）。

中国传统绘画中的各类构图样式是徽墨创作与借鉴的重要来源。中国传统绘画以散点透视为主，画面有疏有密，有繁有简，视觉形式虽然千变万化，但是最终均在追求内容、形式、意境的高度统一。无论是散点式的大场景叙事构图，还是大面积留白的写意构图，都是明清徽墨书画式构图表现的两种构图。构图时首先要根据主题的要求做好整体布局安排，定好主宾关系，在满足制作工艺要求的基础上，注重各个形体的虚实疏密、层次穿插关系，形成叙事性构图。也可以根据主题的需要，以少胜多，在局部浅浮雕式构图的基础上灵活运用中国画中的留白技巧，突出整体的章法与气韵，营造作品意境，创造出新颖的构图样式。

图 3-25

歙县老胡开文墨厂墨模雕刻师书画创作工作室，作品以传统写意作品为多，雕刻师们多具有多年深厚的书画功底

第四节 徽墨纹样的组织形式

墨谱图绘是平面的图绘造型，根据墨的生产工艺条件、造型特征、使用需求以及形式美的规律进行进一步的组合，从而成为完整的整体。概括起来，徽墨纹样的组织形式主要多以单独式纹样为主纹，二方连续为辅纹进行边缘的辅助装饰。

【1】林崇德. 心理学大辞典（下卷）[M]. 上海：上海教育出版社，2003.

图 3-26

双凤玦（《程氏墨苑》卷三"舆图上"）

图 3-27

钓璜（《程氏墨苑》卷七"物华上"）

一、单独纹样

单独纹样是指没有外轮廓及骨骼限制，可单独处理、自由运用的一种装饰纹样。与周围其他纹样无直接联系，但外形完整、结构严谨。作为最基本的纹样形式，单独纹样从布局上分为对称式和均衡式两种形式。单独纹样常作为徽墨纹饰主体出现，占据徽墨纹饰造型的主流，如《程氏墨苑》卷三"舆图上"中的"双凤玦"（图 3-26），墨体雕刻双凤，两面纹饰相同，中间有一缺口。双凤形状面面相对，两尾卷曲相接，纹饰对称、线条灵动。

二、适合纹样

适合纹样是将形态限制在一定形状的空间内，整体形象呈某种特定轮廓的一种装饰纹样。如《程氏墨苑》卷七"物华上"中的"钓璜"（图 3-27），适合纹样外形完整，内部结构与外形巧妙结合，常独立应用于造型相应的徽墨装饰上。

三、边饰纹样

边饰纹样是指受一定外形周边制约的边框纹样。常作为徽墨的边缘纹样，用于边缘装饰的条带状纹样。它可以是不完整的二方连续的形式，也可以一个完整的单位纹样形式出现。

二方连续是边饰纹样的一种，俗称花边，即将一个基本单元进行上下或左右连续、重复排列以形成条形连续图案，

图 3-28　　　　　　图 3-29

香奁（《程氏墨苑》卷七"物华上"）　浮提金壶（《方氏墨谱》卷四"博物"）

有散点式、折线式、直立式、倾斜式、波线式、连锁式等，如《程氏墨苑》卷七"物华上"中的"香奁"（图3-28），以二方连续式卷草纹、云雷纹、乳丁纹为装饰主体。万历年间《方氏墨谱》卷四"博物"中的"浮提金壶"（图3-29），盘口长颈，腾龙衔瓶，正面做双龙柄壶式。肩饰蕉叶、鼓钉，腹部卷草纹样，似为金铜风格处理。造型来源于唐代双龙柄壶。此墨为丁云鹏所设计，以"金壶墨汁"为典，在此指珍贵的书墨之器。

第五节　徽墨的饰彩艺术

墨的色彩属性是无彩色，并且是其中最沉稳、极易协调的黑色。作为黑色单品的本身不需要色彩，但是墨的纹饰细密，工艺精湛，色彩的恰当使用会使徽墨呈现出对比的美感。实用徽墨装饰色彩通常不多，面积比例较小，而集锦墨、礼品墨为了体现丰富的装饰效果，会使用色彩进行装饰。

一、描金墨

徽墨在成品后的装饰阶段，通常会进行色彩装饰。色彩选择中金色的使用最为普遍，所以通常称为描金。除金色外，银色也是描金常用的色彩。黑色极其沉稳，金色、银色这两种金属色易显华贵，搭配效果容易协调，具有强烈的对比美感，即使用色极少也能形成较好的对比效果。在徽墨成品装饰阶段还有漆金、溯金等饰金工艺，均体现华贵之感。

二、通彩墨

在长期实践中，人们根据对色彩运用的实践凝练出传统五色观的理论依据，把黑、白两种无彩色和青、赤、黄五种颜色定位为正色，又将五色崇拜和五行学说中的金、木、水、火、土的关系一一对应起来。通过这些对应，将抽象的意识转化为具象的色彩视觉表达。

清乾隆御制国宝五色墨，舌形墨面饰云龙纹，背阴文楷书"大清乾隆年造"，有朱、黄、蓝、绿、白五色（图3-30）。在封建社会礼制制约下，将色彩设置出高低以区分尊卑，应用到御墨中也成为标示阶层身份地位的工具。御墨中的通体彩墨

图 3-30

清乾隆御制国宝五色墨

也常用青、赤、黄、白、黑等色，色彩艳丽，配以极为细腻的刻工，如明代"金刚法论五色墨""曾国藩朱砂墨"，清代"御咏名花诗十色墨""御题西湖十景诗彩朱墨"均光彩夺目。

三、饰彩墨

　　徽墨产品装饰除了描金，还会用饰彩的方法活跃装饰画面，常用色彩有朱砂、石青、石绿、石黄等。饰彩的面积可多可少，有些用色极少，在画面中常起画龙点睛的作用；有些为了突出主体纹饰，在墨名、书法、人物中着色，以丰富画面层次。目前见到明清徽墨中饰彩较为丰富的作品有"群仙祝寿墨图"（图 3-31），正面用描金的篆体写了一百个寿，一锭侧书"徽州休宁胡开文造"，背面有四锭墨组成群仙祝寿图。所用色彩丰富，主要用色于人物、树木、祥云等，主要有金色、朱砂、白色、石青、石绿等。对于画面中建筑、水波纹等线性排列图案不着色彩，画面虚实控制得当，主次分明，色彩使用烘托了祝寿氛围。

　　吴天章，清初制墨名家，擅长制集锦墨，制墨讲究华丽

图 3-31

清群仙祝寿墨图（现藏于安徽博物院，墨锭背面四锭组成群仙祝寿通景）

精致，喜以金银彩色装饰。吴天章的"龙宾十友集锦墨"，一套十锭，有长方形、琴形、竹节形、砚形墨锭，造型各异，以不同形状巧妙地拼装在长方形漆盒内，饰彩以金色、蓝色、石绿为主，饰彩华丽，制作精良，并且盒盖彩绘博古图，有金漆篆书"龙宾十友"，结契文房，金澜胶漆，既坚且芳（图 3-32）。

在徽墨色彩品貌形成的因素中，颜料的品质会影响呈现效果。早期徽墨以石性矿物质颜料为主，矿物质颜料为天然矿石制成，覆盖力强，色质较为稳定，可长久保持鲜艳的色彩。徽墨中常使用的颜料包括藤黄、花青、朱砂、朱膘、赭石、石青、石绿、金粉等，这些颜料与墨色配合，色彩沉雅。现代徽墨饰彩多使用国画颜料、水粉颜料兑水和骨胶制作而成，颜色纯度较高，色泽鲜亮。

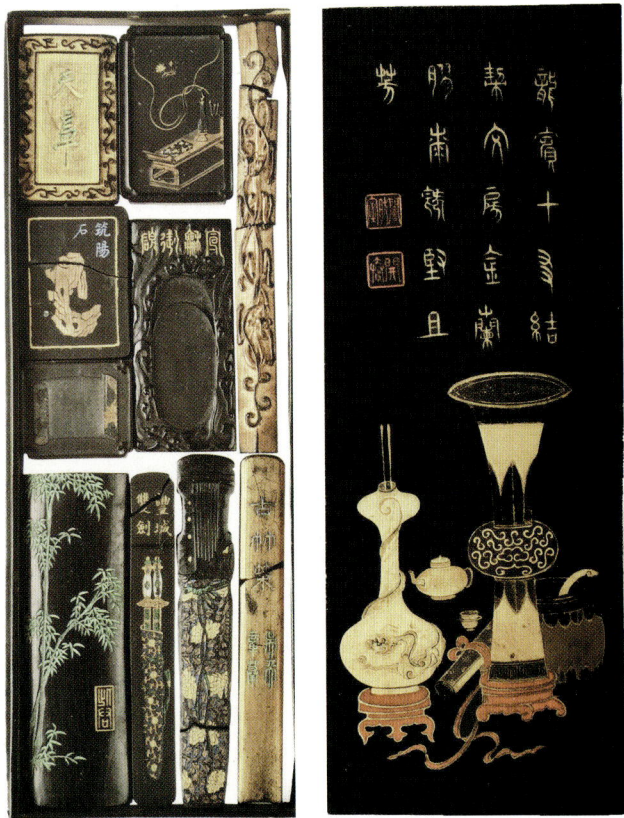

图 3-32

清吴天章龙宾十友集锦墨（现藏于安徽博物院）

第四章

徽墨艺术的文化解读

徽墨历史悠久、制作工艺精湛，有大量精美绝伦的艺术作品留存于世。丰富的徽墨艺术主题、纹样、造型、风格、品类作为徽墨艺术的主体，是人类物质文明和精神文明发展到一定阶段的产物。在千余年的历史发展进程中，在各个历史时期的社会背景、礼仪制度、宗教信仰、思想意识形态、风土民俗、社会风尚等因素的密切影响下，徽墨艺术不断演变且文化内涵愈加丰富，是时代发展中艺术审美观的具象体现。

第一节　徽墨装饰中的等级象征

　　在徽墨艺术表现力评定中，纹样装饰是极为重要的一项判定因素。徽墨的功能主要为书写，但随着使用范围、功能目的的变化，开始出现了具有不同阶级象征的纹样。后又通过纹样、品质、造型、色彩等方面的搭配，表现出了上下有序、君臣有别的纹样等级制度，这一点在御墨和贡墨中表现最为突出。《方氏墨谱》第一卷"国宝"是用来赞美太平盛世、安定昌盛的政治局面以及歌颂帝业；第二卷"国华"是用来表彰朝臣对皇帝的尊敬，针对的是皇室、贵族阶层。

一、至尊龙纹

　　龙的图腾自远古时期就受人们敬仰，上古时期的龙纹多为长着人面蛇身的神。《山海经·大荒经》中记载"西北海之外，赤水之北，有章尾山。有神，人面蛇身而（赤），直目正乘，其瞑乃晦，其视乃明。不食不寝不息，风雨是谒。（是）

烛九阴，是（谓）烛龙"【1】。史前龙纹以内蒙古赤峰市翁牛特旗三星他拉村红山文化出土的"C"形玉龙，距今有5000多年。"C"形玉龙呈钩曲形，张目昂首，口鼻吻长，鼻端前突并有两个并排的鼻孔，颈上有长毛，尾部上卷。在造型上已近蛇形，体现出一种原始古朴、稚拙的风貌。商周时期的龙纹多作为青铜器上的装饰纹样，造型仍以卷曲形为主，但在龙首、龙尾及身躯发生了很大变化，出现了龙角和扉棱状脊骨，还有几何纹装饰。春秋战国时期，龙纹装饰出现在日常器物中，吉祥寓意得以加强，出现了新颖独特的时代风格。此时大多将龙的身躯加长并延伸，形成"S"形或"W"形的动感曲线形态。汉代，汉高祖刘邦出于巩固封建制度的目的，将龙的形象和皇权结合，将"君权神授""真龙天子"等宗法观念与龙纹结合，并且不准乱用，成为中国封建时代帝王"帝德"和"天威"的象征，强调不容置疑的统治地位。从此各朝皇帝沿用龙纹。唐代，龙纹更加成熟和完善，常见龙纹昂首挺胸，尾部与后腿盘绕在一起，体态呈造型优美的流动形，升腾于云雾之中，给人以自信和力量感。《墨谱法式》中收录五代制墨家的墨锭样式33品古墨中16品有图案装饰，且都是形态相似的龙纹，共3种形式，分布在矩形、方形或杏仁形的空间内（图4-1至图4-4）。【2】

宋元龙纹在整体形式上发生了一些变化，龙纹常与花草或海水祥云穿插结合，表现了龙的神通广大、变幻莫测。明朝龙纹经历了从霸气、形细到单薄瘦弱的演变，流行侧面龙和四爪龙。一直到明代万历年间，各类龙纹图案几乎是徽墨墨锭装饰的唯一题材，如有明确纪年且年代最久的墨品宣德元年"龙香

【1】山海经校注 [M]. 袁珂校注. 上海：上海古籍出版社，1980年.

【2】梅娜芳. 墨的艺术：《方氏墨谱》和《程氏墨苑》[M]. 南宁：广西美术出版社，2012.

◎ 中国徽墨艺术

图 4-1

李超款墨选自宋李孝美《墨谱法式》（左圆角长方形，面文"新安香墨"，背文"歙州李超造"，右面纹特龙，背文"李超"）

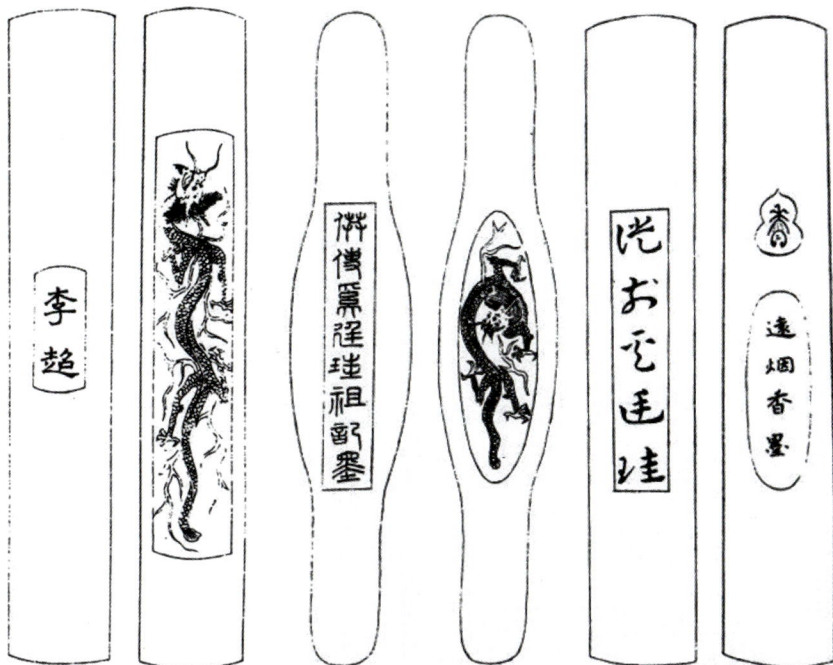

图 4-2

奚廷珪款墨选自宋李孝美《墨谱法式》（左扁棒槌形，面文特龙，背文"供使奚廷珪祖记墨"，右圆角长方形，面文"远烟香墨"，背文行草"从前奚廷珪"）

御墨"（图 4-5），以及作为传世品墨料、墨模都十分精美的"国宝墨"（图 4-6）。在我国历史上最后一个封建王朝清朝，帝王生活随处可见龙纹的踪迹，龙纹特征在明代龙纹的基础上美化并突出，在康熙、雍正、乾隆三朝最为辉煌。徽墨中龙纹纹样频繁出现，如五色贡墨"天书焕彩"，一共有五锭，圭形，蓝色一锭一面饰有双龙，上下饰如意头云纹，背面隶书填金"青圭"二字，墨盒髹黑漆，双龙纹描金。直到近现代，龙纹装饰使用频繁，如黄宾虹所藏"双龙星宿墨"（图 4-7），角龙（虬

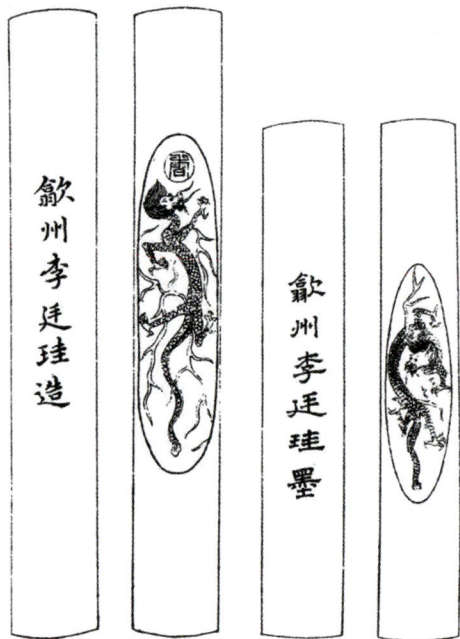

图 4-3

李廷珪款墨选自宋李孝美《墨谱法式》（圆角长方形，面文特龙，背文"歙州李廷珪墨"）

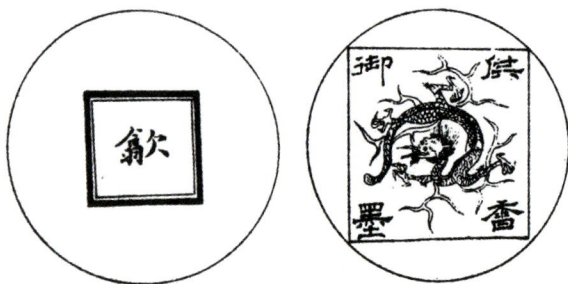

图 4-4

供御香墨选自宋李孝美《墨谱法式》（圆饼形，面中间长方框中文特龙，背方框中文"歙"）

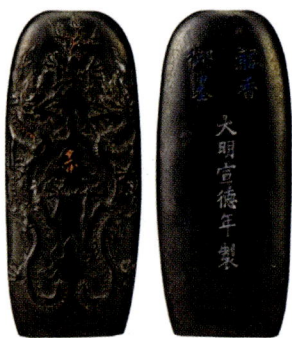

图 4-5

龙香御墨（牛舌形，一面龙戏珠凸纹，一面阴文楷书"龙香御墨"四个字，下有阴文楷书"大明宣德年制"款识）

图 4-6

国宝墨（牛舌形，一面为阳文涂金二龙纹，中为阴文楷书"国宝"二字，另一面为四组如意云头纹，中间"大明宣德年造"楷款，制作精湛）

图 4-7

歙县黄宾虹纪念馆藏墨双龙星宿

龙）弓腰曲背，昂首曲颈，眼睛有神采。躯干有力，四肢强劲有力。龙鳞雕刻精美细腻，与星宿搭配古朴神秘。

二、十二章纹

十二章纹是中国帝制时代的标志，指的是日、月、星辰、群山、龙、华虫、宗彝、藻、火、粉米、黼、黻等。十二章纹是中国古代服饰等级中的重要装饰图案，除了代表皇权和统治阶级的威仪，也具有极高的美学价值。《尚书》记载舜帝时期就采用各种方式在衣服上装饰十二章纹，先秦开始在服饰上广为应用，明清两代是十二章纹最为复杂和精细的时期，其中清代废除了数千年的冕服制度，却将十二章纹样完整保留。从美学角度来看，明清时期是十二章纹发展的顶峰时期。明《方氏墨谱》中有十二章纹样的图绘，造型有圭形与圆形（图 4-8）。单个纹样外观较小，在封建礼制中具有重要的地位。

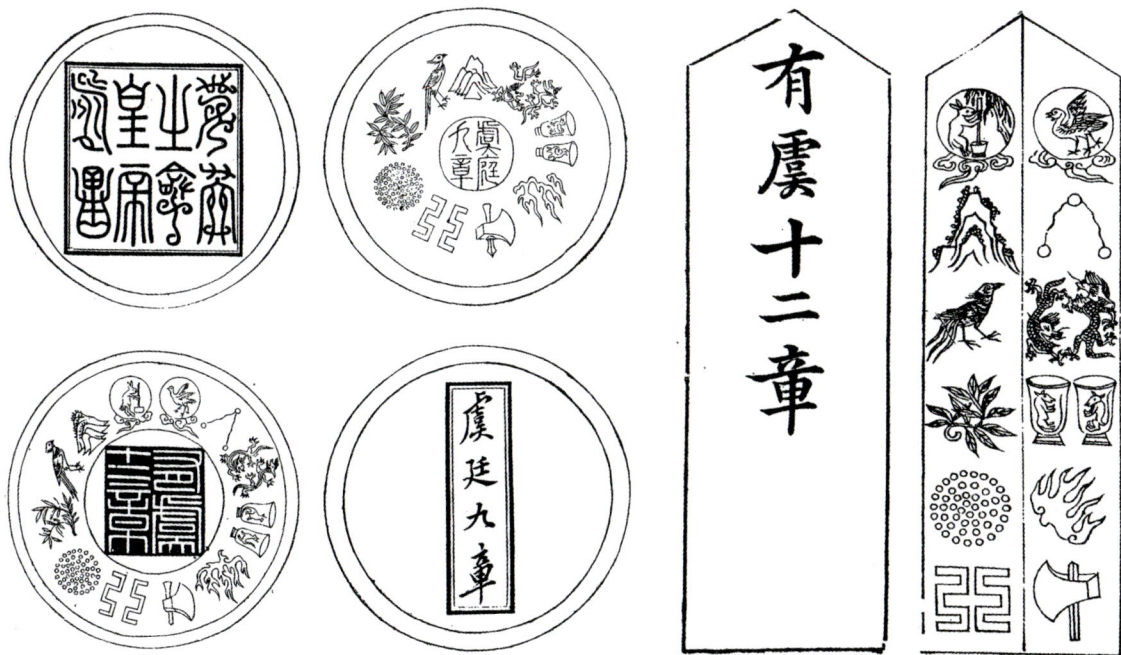

图 4-8

十二章纹

第二节 徽墨装饰中的宗教气息

宗教是社会意识形态的一种，是人类社会发展到一定历史阶段的文化现象。宗教的产生，源于人们认为实体世界之外还存在着强大的控制主导能力的神秘自然力量，从而引申出一系列认知信仰与意象。宗教本身具有人类精神所需要的心理调节、道德教化、社会控制等功能，在特定历史条件下会被统治者作为维护统治的工具。随着时代的更迭与统治者理念的不同，宗教由不同流派占据主导思想。徽墨艺术中的宗教题材以纹样的形式将宗教意象呈现在有形的徽墨实体中，借助徽墨艺术体现宗教精神实质。

明代儒释道思想互融而互异，特点是"三教合一"。文人的思想中掺杂着佛教、道教的思想，儒释道三教在思想理论上的精微之处所作辩证，三教融通，又阐发各家理论真义，体现了当时情势下对"三教合一"具有清醒认识者所臻之境。无论从教理、教规，还是从具体的修养功夫看，都大有互为融通之处，但彼此关系及其演变又遵循着"互取所长，各自发展"的轨迹而行。[1]明代文人对于佛教、道教思想偏好，认为要想达到古人的高度，就需要掌握渊博的学识，了解各种古玩器物，认识万事，以"博古"记事，以"博物"记物。流派纷呈的学术思想中，道家和佛家必不可少。

一、徽墨艺术中的道教意象

作为发源于中国本土的宗教，道教是以黄帝学派和老子学

【1】梁一群. 明代"三教合一"中异同辨析的意义——基于莲池《竹窗随笔》的解读[J]. 浙江学刊，2010(2)：56-62.

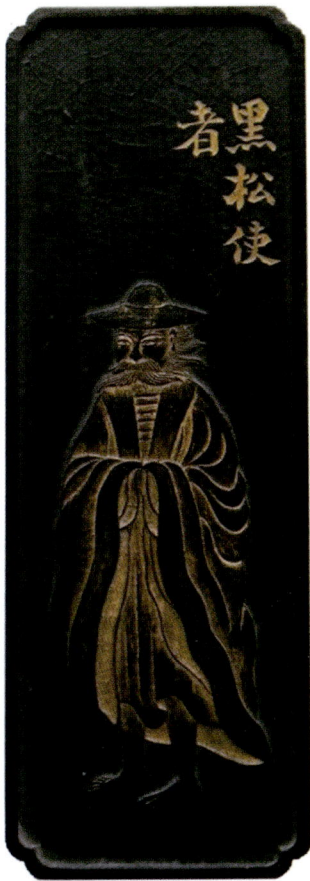

图 4-9

黑松使者墨

唐代冯贽《云仙杂记》："玄宗御案墨曰龙香剂，一日见墨上有小道士，如蝇而行，上叱之，即呼万岁，曰：'臣即墨之精，黑松使者也。'"因松烟墨用松木烟灰做原料，所以墨之精灵名为"黑松使者"。

派思想为理论根据的，"道"为最高信仰的崇拜，是包含诸多中国古代鬼神的多神教宗教形式。道教承袭战国以来的神仙方术，综合了古老的巫史文化、鬼神信仰、民俗传统，包括儒、道、墨、医、阴阳、神仙诸家学说，追求度世救人、长生成仙、体道合真的总目标，从最初的道是万物的本原，到经历演变后成为一种在中国传统文化中占有重要地位的多层次的宗教体系。

道教以得道成仙为目的，讲究修炼今生，理论上受《易经》影响很大，代表性纹样八卦纹就是源于《易经》。徽墨中的道教纹样主要内容有两部分，以明《程氏墨苑》第十卷"儒藏"、第十一卷"缁黄"为例，这两卷的纹样中一部分代表道家的思想和哲学理念，是从道教的教义、精神中演变而来；另一部分纹样是从讲述道教故事的绘画作品中提炼出来的，是具有道教色彩的纹样类型（图 4-9）。

1. 太极纹

太极纹是道教的标志性纹样，《程氏墨苑》图式丰富，卷一开篇即四款太极图，第一张是明代张景岳制太极图。经云："阴阳者，天地之道也。万物之纲纪，变化之父母，生杀之本始，神明之府也。"[1]这张太极图来自明代中医张介宾（字会卿，号景岳）所著《类经图翼》，用于概括宇宙阴阳变化之理。其内圈左黑右白，二圈左白右黑，外圈全白，以示阴阳循环、生生不息之意。第二款太极图是双鱼形太极图，以一个圆圈来表示，由黑白相绕的两个半弧形变体鱼纹组成，白为阳，黑为阴，也被称为"阴阳鱼"纹，类似鱼形的图案。一条"S"形线条将一个正圆均分成黑白对立的阴阳两面，可以旋转变幻出无穷的卦象。第三款为北宋周敦颐所作，分"无极而太极""阳动、

【1】黄帝内经·素问 [M]．王冰次注，林亿等校正．上海：上海古籍出版社，1991．

阴静""五行顺布""万物化生"等五层。第四款为易有太极图。太极图有原始混沌之气的意思，是万事万物的原点，生生不息。在简洁的形式下蕴含万物变化之理，给人以无限的哲学与美学的思考，体现了相对统一的矛盾法则（图4-10）。

2.云气纹

道教图案中，最为普遍的纹样是云气纹，被誉为中国纹样史上象征吉祥平安、最浪漫、最具动感的一种纹样。云气纹缥缈游离的形态与道教虚无玄幻的世界观很贴合，在道教中认为得道升仙必然踏着祥云，所以在道教题材画卷中有大量云气纹的图案。

云气纹在历朝历代的绘画、丝品、器物装饰上都有出现，在汉代和明清时期更是盛行一时。因为在明清两代与"云气纹"相关的升仙思想流传较广，所以开始出现了各式各样的表现形式，如云碗、流云、元宝云等。"地气上为云，天气下为雨；雨出地气，云出天气。"[1]云雨之间可以相互变化，相生相长。

徽墨中的云气纹除了作为辅助纹样，有许多是作为单独的题材出现，如以云为主题的图绘或者与日、月、雨等相关的星象，反映出当时人们对天象的崇拜。云气纹具有玄妙之感，主要体现在古人对宇宙之气概念的描绘，云气左右上下旋转、升降的状态，表现出一种阴阳消长、五德终始的思想。图绘多以飘逸生动的线形纹样形式出现，从纹样本质角度来说是为了迎合人们对美好事物的憧憬和渴盼，以及对吉祥、长生的追求（图4-11）。《方氏墨谱》《程氏墨苑》中云气纹运用非写实的浪漫主义手法表现，在传达了古人极其丰富的宇宙观的同时，

图 4-10

太极图四款（选自《程氏墨苑》）

【1】黄帝内经·素问［M］．王冰次注，林亿等校正．上海：上海古籍出版社，1991．

◎ 中国徽墨艺术

树立了封建君主制度的威严感，又含蓄、恰当地渲染了深不可测的隐秘氛围。

3. 明、暗八仙纹

"明八仙"为民间广为流传的道教八位神仙，"暗八仙"是八仙各自所执的器物，又称为"道家八宝"。八仙作为道教中最重要的神仙代表，分别与凡间各类百姓较为接近，如男、女、老、少、富、贵、贫、贱。八件法器包括渔鼓、宝剑、笛子、荷花、葫芦、扇子、玉板、花篮，各有化凶为吉、暗中保佑之意，是福寿、正气、美好的化身，经常与其他纹样配合使用，明清时期十分流行。如现藏于安徽省歙县古城歙砚博物馆的"漆金八仙墨"（图4-12），为民间礼品墨。

图 4-11

云气纹（选自《程氏墨苑》）

图 4-12

漆金八仙墨（现藏于安徽省歙县古城墨砚博物馆）

4.与墨相关的道教故事

　　《程氏墨苑》"儒藏""缁黄"两卷的图绘中，有大量与墨有关的道教故事，如墨精图、庄生梦蝶等。第十一卷大部分是画家丁云鹏精心设计的道教神仙故事，如乌金、二室翻经、异鱼吐墨、喷墨成字、墨樵、噀水墨、泥墨金、紫磨金等，这些故事是关于神仙、僧人与墨之间的传奇故事（图4-13至图4-19）。这是程君房在《方氏墨谱》的基础上拓展的新内容，也是徽墨在道教题材上的创新之处。这些以墨为中心展开的故事从内容设计到画面布局具有高度的原创性，情节轻松有趣且创意性十足，是研究道教纹样和道教故事十分宝贵的资料。

　　中国本土文化中的道教与儒教、佛教思想交融，认为万物的本源是"道"，它是虚无缥缈又真实深邃的。道法自然的哲

图 4-13

乌金

图 4-14

二室翻经

字成墨喷

图 4-15

喷墨成字

图 4-16

墨樵

金墨泥

图 4-17

泥墨金

墨水喷

图 4-18

喷水墨

金磨紫

图 4-19

紫磨金

理命题是对道教理解的最高境界，而徽墨题材中的道教纹样就反映了墨谱画家对道教的深刻理解，这也深深影响了徽墨中道教纹样的构成形式。所以这些纹样是在充分了解其宗教教义和哲理的基础上提炼并衍生出来的，能够展现出各类文人墨客在徽墨艺术创作中的哲理思考。

二、徽墨艺术中的佛教意象

佛教产生于古印度，汉末至南北朝时期沿着丝绸之路一路向东，获得了极大的发展。佛教自身融入的希腊－罗马文化、阿拉伯文化以及中世纪欧洲文化等元素，结合中国本土化发展的特点，成为中国艺术史上重要的宗教门类。佛教的传入对中国艺术的发展影响巨大，其中中国美术因佛教题材和风格仿佛注入了一股新鲜的血液。佛教不仅引起了中国美术创作队伍的变化，还带给中国美术全新的内容，在其发展过程中也形成了精彩纷呈的不同流派，促进了中国美术的多元化发展，甚至给中国美术带来了全新的技法和理论。徽墨艺术中佛教题材分为两种。

1. 吉祥寓意的佛教题材

徽墨中有以民间吉祥寓意的题材为主，面向社会大众创作出的具有吉祥寓意的题材。渗入到中国传统文化中的佛教，通过通俗的翻译与解释使佛经走向社会大众，将佛教思想从修行方法转化成生活应用。通过佛教思想和艺术创作之间的互相转化，百姓对于佛教的认识具象化为八宝纹、法轮、法螺、宝伞、白盖、莲花、宝瓶、金鱼、盘长结等基本元素。

2. 引发文人思考的佛教题材

"佛教的传入对中国文人产生了极为深刻的影响，文人在时空观、人生观、死亡观方面形成了全新的思想、观念和境界，深入佛教思想的学习会促进文人对人生价值的反思、探索，也拓展了艺术创作、文学创作的思维空间，在很大程度上改变了中国原有文学发展的方向。"[1]此类题材徽墨面对的消费群体是文人，对儒家、道家、佛家题材的吸收和创作主要是为了满足不同文人对徽墨的需要，主要体现在《方氏墨谱》第五卷、第六卷和《程氏墨苑》第十一卷、第十二卷，其中的题材包括六根清净、昙花、僧宝、三生花、三生果、佛面竹、僧宝、如

【1】普慧. 佛教对中古文人思想观念的影响 [J]. 文学遗产，2005 (5)：10.

来柱、五牛图、天女散花、大方、青牛紫气、维摩说法图、东林莲社图等。中国佛教分南北宗主张，北宗主张通过苦行修炼彻悟"佛性"，寻求超脱；南宗教派认为不必苛求于修炼形式上的清心禁欲、苦行修炼，而注重于精神灵魂上的启蒙、顿悟，这种超脱的思想与我国古代南部社会经济的繁荣发展有着紧密的联系。中国古代文人好禅并习禅，热衷于结交禅僧，接受新的禅思想，度习禅生活。如《程氏墨苑》第十二卷"佛面竹"，释义书写了《传法偈》中的七佛偈，《传法偈》是每一代祖师的偈颂，是禅宗灯史的核心内容。禅宗是汉化后的佛教，在"传法"思想中具有决定性的作用（图4-20）。

在中国主流的传统文化中，儒家思想以忠、孝、礼、仪、诚、信、廉、耻为基本纲要，让大众学会如何与他人和谐相处；道家思想则教人如何与大自然相处；印度的佛家思想则是主要解释人如何与宇宙万物相处。佛教思想在中国能够以儒、道思想为基础顺利传承的原因就在于，儒、道、佛虽然思想高度不一样，但有"爱"这同一主题，旨在与他人善意相处，对自然、宇宙万事万物都心存爱意。

第三节　徽墨文化中的文人雅趣

一、文人制墨与文人定制墨的情感诉求

历代文人对墨多有偏爱，文人与墨工的互动促进了制墨工艺的发展与墨文化的形成。徽墨中"文人定制墨"多为官吏、士绅、书画名家所制，其服务对象中文人、士大夫是主流，甚

七佛偈

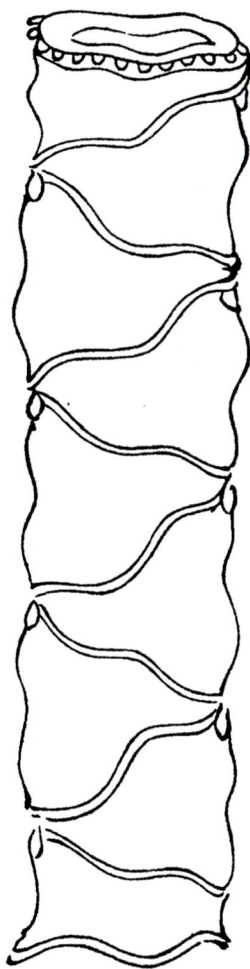

身從無相中受
生猶如幻出諸
形像幻人心識
本來無罪福皆
空無所住
毗婆尸佛偈

起諸善法本是
幻造諸惡業亦
是幻身如聚沫
心如風幻出無
根無實性
尸棄佛偈

假借四大以為
身心本無生因
境有前境若無
心亦無罪福如
幻起亦滅
毗舍浮佛偈

見身無實是佛
見了心如幻是
佛了了得身心
本性空斯人與
佛何殊別
拘留僧佛偈

佛不見身知是佛
若實有知別無佛
智者能知罪性空
坦然不怖於生死
拘那含牟
尼佛偈

一切眾生性清
淨從本無生無
可滅即此身心
是幻生幻化之
中無罪福
迦葉佛偈

法本法無法
無法法亦法
今付無法時
法法何曾法
釋迦牟
尼佛偈

禪郎弟子書

竹面佛

图 4-20

佛面竹（选自《程氏墨苑》）

至包括宫廷皇帝的文人情怀需求。针对文人雅士的审美取向以及在诗文书画方面的造诣和个性，徽商墨家会在墨面装饰题材的设计中汲取文人字画中生动的表现技法和绘画轮廓，以追求丰富的文化内涵和文人的闲情逸趣为目标，追摹原作的笔墨线条、浓淡和气韵神度，在徽墨装饰纹样的发展之中融入中国文人意识。

文人制墨是指文人自身是制墨家且参与制作墨的全过程。韦诞是三国魏著名的书法家，也是制墨家，从东魏韦诞开始，自古以来，一直不乏亲手制墨的文人墨家，其墨品可被称为"文人自制墨"。从宋代开始，形成了文人士大夫一族与墨工交往，委托墨工根据自己的需求定制的风尚，墨品可被称为"文人定制墨"。宋代的科举制度扩大，形成了"士大夫治天下"的政治体制和庞大的文人群体，他们在追求政治抱负的同时，通过诗词歌赋、绘画音律来抒发闲情逸致。在文人士大夫阶层中，制墨、藏墨、鉴墨蔚然成风，苏东坡就是其中比较著名的一例，他称潘谷为"墨仙"，还专门写过一首赠潘谷的诗。据传苏东坡亲手制墨，留下"海南松烟东坡法"。这种"文人自制"已经成了文人精神上的享受，一直流传到后世。苏东坡对墨的品味，与对茶的品论类似，他与司马温讨论茶异同时曾说道："茶墨都有香味，此其德同也；茶与墨都坚实，此其操同也。"认为二者在本质上存在与君子相同的品格。

明清时期文人与制墨家的交往十分紧密，一些制墨家或是文人出身，或是仕宦，或是社会名流。程君房《程氏墨苑》就是多位文人墨客智慧的结晶，有著名的书法家、画家、雕刻家、传教士等，可谓一部百科全书式的墨谱。清代，随着书法和绘画结合形式的普及，徽墨题材中引入诗文书法，成为集诗、书、画、印为一体的艺术品。这些徽墨作品中诗文题字或多或少烘托了主题，拓展了画意。

二、文人书画精神在徽墨中的表达

明清文人书画艺术的繁荣为徽墨艺术提供了极为丰富的素材，借助娴熟多样的雕刻技法，将文人笔下的花鸟、山水、人物等内容完美地移植到徽墨中，出现了大量风格各异的徽墨名品。"徽墨装饰艺术的重点受文人的审美倾向、学术焦点等因素影响，其以金石学、书法、绘画艺术的发展脉络为标准创造着属于自身的发展脉络。"[1]

花鸟画兴起于唐代，宋代发展达到繁盛期，在徽墨中的大量出现是在明清时期，特别是清代花鸟题材的徽墨普遍多见，有图案纹样式花鸟、国画写意式等。现藏于安徽博物院的"茄子图诗墨"，正面行书乾隆御题诗一首，背面以画家沈周的茄子图为题（图4-21）。沈周的绘画艺术体现了明代文人写意花鸟画的美学理念，是吴门画派的领袖。

图 4-21

茄子图诗墨

【1】孙景宇. 清代徽墨装饰艺术的演变及其原因研究 [D]. 上海：复旦大学，2014.

此墨墨模系内务府雕刻制作，体现了皇家对于文人书画的挚爱，并以墨为载体传达对于文人气息的理解。文人气息是诗文、书画、修心立身为文的全部学养，追求的是渗透于绘画笔墨之中的感觉。审度"文人气息"的指标，是全部中国文化的心性之学积淀于一个文人人生实践中的深浅程度，同时也是儒释道思想为核心的人生观的体现。

三、士人故事中的交游雅集

"士人雅集"代表了中国古代文人士大夫群体独特的文化精神，是我国文化史上一个重要的文化意象，这一极具特色的"典型性"文化意象在徽墨中是重要的文化主题。明清时期徽墨对"士人雅集"文化意象的视觉化诠释达到高峰，体现出独特的"事件性"与"差异化"的园林空间特征。如方振鲁墨，"面镂一老人持杖游于园中，一人持鹅立于左，芭蕉磬石于右。额上横匾写黄庭三字背行书两行书成却许换鹅群。新安振鲁墨盖面上正面绘制的是王羲之许人以书换鹅之景"。[1] "书成换白鹅"的装饰题材流行于清末民初，这个书法史上有名的故事体现了文人的专注与民间对书法佳作的渴求。蕉林书屋主人梁清标诗文书画都闻名一时，其所制"蕉林书屋"墨，镌绘书屋图景，构图简洁明快，数枝芭蕉叶点明墨名（图4-22），通过不同于日常生活空间的景观、建筑、环境配置，配合士人故事叙事，塑造文人活动的特殊空间。正如有人评之曰"此茹集书画于墨丸，语曰'纳须弥于芥子'是墨有焉"。《程氏墨苑》中以文人雅集为主题的还有"兰亭修禊"图，著名的"竹

图 4-22

蕉林书屋主人梁清标墨

【1】周绍良. 周绍良清墨谈丛上 [M]. 北京：紫禁城出版社，2009.

◎ 中国徽墨艺术

图 4-23

"竹林七贤"墨

林七贤"（图 4-23）等。还有程君房设计的他自己和友人集会的图绘，这类题材可以看出文人对于墨的活动的重视，以及墨对于文人文学活动的重要性。

第四节　徽墨装饰中的风景民情

徽墨装饰题材在发展初期主要以龙纹墨为主，显示出较强的政治含义。到了明晚期，徽墨图案逐渐突破了原有的装饰格局，出现了历史性转折，从此以后，徽墨纹样更多地注重表现人的意识体验和现实世界的表达。创作题材融入自然，将反映现实的山水、景物、民间生活题材展现在徽墨上，显示出浓郁的自然情怀和生活气息。

一、风景园林集锦式创作

针对自然景观这一题材，明、清徽墨中写实风格的风景、民俗题材占有较大比例，甚至是对具体景物的写实式描绘，如"黄山图""新安大好山水""西湖名胜图"等。还有清代徽墨名家胡开文制的"御园图"集锦墨，由宫廷御书处按照所需的纹样向徽州地区制墨家定制，胡开文整合了北京的圆明园、长春园、万春园等皇家园林的风景，完成了由64块墨组成完整的一套集锦墨，是集锦墨中数量最多的一套，其工艺精湛，墨模制作巧夺天工。"御园图"集锦墨、集锦贡墨的出现对于宣传皇家思想起到了有效的作用，是研究清代建筑风景园林，特别是研究我国皇家园林的珍贵资料（图 4-24）。今天，这套墨已是复原圆明园的真实面貌的珍贵参考资料，成为追忆已经不复存在的皇家园林的历史见证。除此以外，"御园图"集锦墨墨模等在艺术方面的成就，对于研究我国墨模雕刻技法具有重要的历史参考价值。

御园图系选自故宫、西苑、圆明园三处的六十四景。六十四锭墨构思巧妙、形态各异，或形似古琴、钟鼎、怪兽，或表现山光水色、亭台楼阁，锭锭描金带彩，正面书写楼阁景

图 4-24

清胡开文御园图集锦墨（最长 13.4 厘米、宽 7.3 厘米、厚 0.8 厘米，现藏于安徽博物院）

观名称，背面绘制亭台全景，侧面阳文"嘉庆年制"。这套集锦墨品数之多、雕刻之精，为制墨史上所少见。全套墨模六十四副，现收藏在安徽博物院。墨与模同在，无一散失，实属难得。

二、民俗民艺的图像叙事

传统语境下，徽墨成为"宣物存形"的载体。清代流行"耕织图"、"棉花图"集锦墨，两种集锦墨流行有着重要的渊源关系，而"耕织图"集锦墨又是中国古代封建统治者"农本"的治国思想的一种艺术体现。[1] 故宫博物院藏有全份康熙御制"耕织图"墨，收藏着上万件"棉花图"贡墨（图 4-25）。现在见到的各种御题"棉花图"拓本图片，多以乾隆三十年方观承绘成的"棉花图"以及乾隆御笔题诗的"御题棉花图"原拓本为例，前后题诗绘图各 16 幅，虽由多家墨店生产，内容却基本相同。包括了从棉花种植到染织成布的全过程，分别为布种图、灌溉图、耘畦图、摘尖图、采棉图、拣晒图、收贩图、轧核图、弹花图、拘节图、纺线图、挽经图、布浆图、上机图、织布图、炼染图，墨模线条工整谨密，画面形象生动。左侧刻有 16 首御题诗和工序说明，堪称一本图文并茂的种棉技术"教科书"，至清末流行了近 150 年。这种以图示技，将棉作农事活动以图教化固治，营造了男耕女织的盛世太平镜象，宣扬传统伦理价值。将农事科技和伦理价值借由徽墨介质成就多元审美形态，在民间得以广泛有效的传播。

【1】林欢. 徽墨胡开文研究（1765—1965 年）[M]. 北京：故宫出版社，2016.

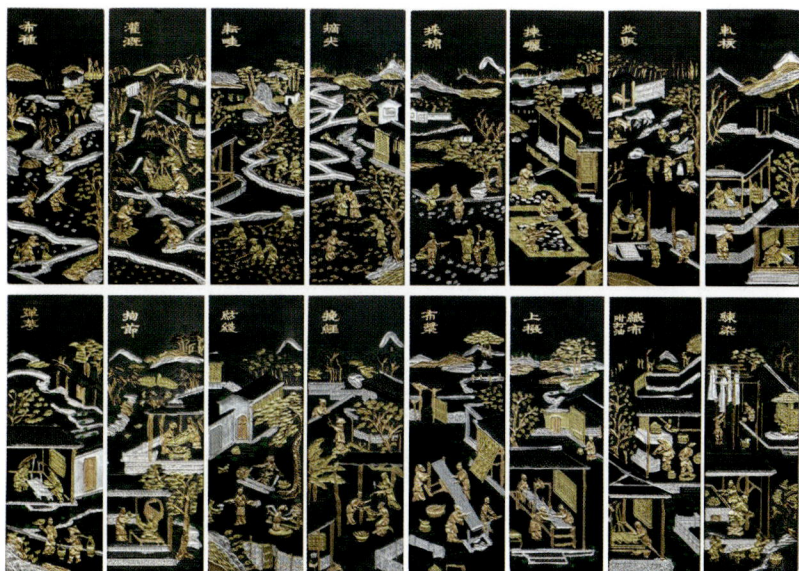

图 4-25

御制棉花图诗墨（现藏于安徽省歙县古城墨砚博物馆）

第五节 徽墨装饰中的吉祥寓意

中国传统文化中最受大众欢迎的主题是"吉祥",吉祥纹样反映了人们对于吉祥寓意的祈求,源于人们趋利避害的生存本能。主要题材包括神话中的驱邪消灾的故事、祝福神祇、民间传说、故事、习俗等。将具有吉祥意象的装饰纹样渗透在徽墨等各种工艺美术载体。徽墨中的吉祥纹样包括人物、动物、星宿日月、自然天气等题材,运用象征、会意、吉祥用语、谐音寓意等不同手法绘制而成。

一、谶纬神学影响下的符瑞表达

谶纬学说指的是盛行于中国汉代的一种神学思想,谶指的是预决吉凶的宗教预言,纬指的是解释儒家经典义理的经学。汉武帝独尊儒术,经学地位相对较高,并由此产生了依傍、衍附经义的纬学。谶纬主要以古代河图、洛书神话、占星望气、阴阳五行学、福瑞灾异、天人感应说理论为依据,将自然界的偶然现象神秘化,附会为上天旨意的传达,并视为社会安定的决定因素,但是谶纬神学也保存了许多古史、天文、乐律、农学、医药等零散资料,有一定的参考作用。

谶纬神学是封建神学和庸俗经学的混合物,认为天降祥意是对君王贤德的肯定,灾祸是无道的惩罚,形成了一系列对上天征兆所显示的吉凶解读。汉章帝时,进一步将谶纬神学与儒学结合起来,编纂《白虎通义》,其中卷五提到:"天下太平,符瑞所以来至者,以为王者承统理,调和阴阳,阴阳和,万

錢 心 藕

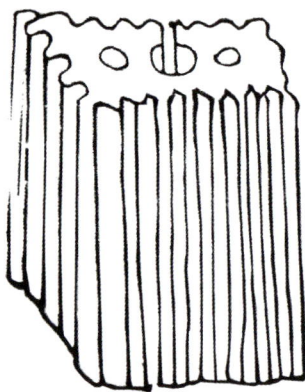

图 4-26

藕心钱

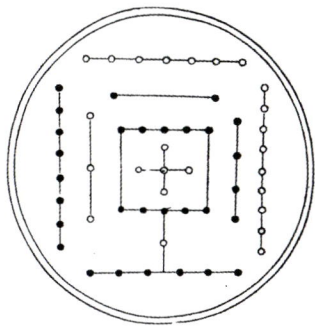

图 4-27

河图

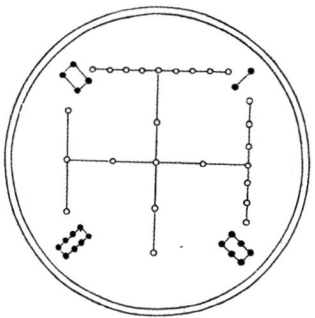

图 4-28

洛书

物序，休气充塞，故符瑞并臻，皆应德而至。德至天则斗极明，日月光，甘露降。德至地则嘉禾生，蓂荚生，秬鬯出，太平感。"【1】所谓符瑞即吉祥的征兆，是古人心目中天人感应的某种呈现。对于统治者而言，符瑞是在"天下太平"之时应"王者"之德而出现的，而且指出还会表现出物象与天象的区分。所以，符瑞是对一个时代气象或帝王政风的赞美，甚至是帝王受命的征兆，历朝历代对充满神秘感的符瑞十分重视。

《方氏墨谱》中第一卷"国宝"的主要内容是吉兆祥瑞图绘，其主要作用是赞美太平盛世，歌颂帝业，寓意在神宗的统治之下国家出现了安定昌盛的政治局面。《程氏墨苑》中第一、二两卷为"玄工"，玄工，指的是自然界的力量。《程氏墨苑》新增了天文学主题和占星学主题，涉及的范围从阴阳两极到日月星辰，再到掌管自然力之诸神。

《程氏墨苑》卷二所绘"藕心钱"，"这是一种被赋予和承载了某种特定的使命的符信，是流行于战国时至汉代初期的虎符的滥觞（一种信物，也就是符信）（图 4-26）。调动军队这样的大事要用符信，用的是级别最高、由国君掌握的虎符，其他方面需要频繁使用符信的领域，藕心钱是能够完全胜任的【2】"。"日月重光"指的是新的清明局面，"河图"与"洛书"是中国古代流传下来的两幅神秘图案，被认作为是河洛文化的滥觞（图 4-27、图 4-28）。"河图""洛书"是华夏文化的源头，伏羲根据"河图""洛书"画成八卦，象征天上政府的太微垣、天上集市的天市垣、天上皇宫的紫微垣、天上市集的天市垣等星名方位图，都是源于古代人民对日月星辰的自然崇拜，是古代中国神话和天文学结合的产物。古人将谶纬

【1】陈立．白虎通疏证［M］．吴则虞点校．北京：中华书局，1994．

【2】陈长峰．所谓"藕心钱"是秦汉时期的符信∥陕西省钱币学会．西部金融·钱币研究［C］．西安：陕西省社会科学界联合会，2008：2．

学说与这些天文奇观、祥瑞符号联系，把它们视作圣人出世、国运兴旺、战事大捷、天下一统、清明局面的祥瑞征兆，将这些内容与徽墨产品结合，是为了显示得天助佑、四方安定的祥瑞意念。放在墨谱的开篇，预示着吉祥安定，太平盛世，歌颂帝业，这也意味着徽墨面对的使用群体中有帝王、官员等特定的顾客群体。

二、吉祥纹样载体与社会群体接受

中国传统吉祥纹样发展鼎盛于明清时期，大体上可以分为文字纹、几何纹、人物纹、植物纹、器物纹、祥禽瑞兽纹、动物纹。徽墨中的吉祥图案多是祥瑞形象，龙、凤、麒麟等祥禽瑞兽纹。除此之外，徽墨中的吉祥纹样还包括民间常见的世俗化吉祥纹样，如八仙、福禄寿星、仙鹤、鸳鸯等，在礼品墨中也有寓意性吉祥纹样、松鹤延年、海屋添筹等。因为徽墨面对的顾客群体多以皇帝、官员、文人为主，吉祥图案的应用世俗化形式较少，多以符合文人气息和皇家气息的祥瑞纹样为主。而世俗性、寓意性吉祥纹样多在民间，与百姓的生产、生活息息相关，故徽墨中此类纹样相对较少，在礼品墨中出现较多。

第五章

材美工巧——徽墨制作工艺

《周礼·冬官·考工记》是目前我国年代最早的手工业技术文献，书中详细记录了"百工之事"，表达了先秦时期人们对造物设计活动所持的基本观点。在造物技术层面上，《考工记》总序中提出"天有时，地有气，材有美，工有巧，合此四者，然后可以为良"，提出设计活动是由天时、地气、材美、工巧四种要素决定的。天有时指的是季节、气候、时令的变化；地有气指地理、自然条件的差异；材有美指的是材质条件之美；工有巧指的是制造者的工艺技巧和创造力。只有这四个要素有机结合，才能生产出好的工艺品。徽墨的制作对于自然条件、地理条件、材料条件、制作工艺均有严格的要求，徽州自唐代开始成为全国性的制墨中心，其自然条件、地理条件、技艺传承等形成了徽墨技艺传承的基础条件。

第一节　自然条件的适应性

　　"材美工巧，然而不良，则不时，不得地气也。"即在天时、地气、材美、工巧四者之中，天时与地气具有基础的和根本的地位。这浓缩了当时人们对自然界的认识，也浓缩了当时在设计与造物中作为其主导思想之一的关于人造物与自然关系的辩证认识，反映了当时人们对于自然规律的尊崇。

一、地理条件的独特性

　　《考工记》提出："橘逾淮而北为枳，鸲鹆不逾济，貉逾汶则死，此地气然也。"[1]"郑之刀，宋之斤，鲁之削，

【1】《周礼·考工记序》指橘树移植到淮河以北、鸲鹆过了济水都发生了改变，成语"淮橘为枳""南橘北枳""橘化为枳"等源于此文。这说明古人对动植物的生长环境（特别是不同地区的气候）的重要性已经有了初步的认识。

吴粤之剑，迁乎其地而弗能为良，地气然也。"【1】地气指不同的自然条件，自然物的生长、人造物的设计都是地气的产物。与徽墨相关的"地气"的因素是多方面的，如徽州的地理条件与气候条件组成，制墨时一系列工艺的因素，这些都囊括于《考工记》中的"地气"。

徽墨的得名、产生与流传是与地理条件密切相关的，宋代制墨业的飞速发展导致适合烧烟制墨的原材料松树日益匮乏，油烟墨的大规模开发利用成为必然，全国已经难以找到大规模烧制松烟墨的优质松材。虽然后期开始采用可再生的油料制作基本不受地域限制的油烟墨，但是制作油烟墨对取烟的技术和成本都有一定的要求。而歙县（古名歙州，位于安徽省南部，隶属于安徽省黄山市）北倚黄山，东邻杭州，南接千岛湖，是古徽州地区六县之一，也是古徽州府治所在地，徽文化的发源地。这片有大量自然资源的土地使松烟墨的制作在当时能十分顺利、不受限制地进行。

二、气候条件的适应性

《考工记》谓"天有时以生，有时以杀；草木有时以生，有时以死；石有时以泐；水有时以凝，有时以泽；此天时也"。提出天时的变化对于自然物的影响，指出人造物的设计必须符合自然规律。制墨的相关技术也多以自然环境为基础生产条件，《齐民要术》中"合墨不得过二月、九月，温时败臭，寒则难干"【2】的记载就是要根据自然条件确定适宜的制墨期。歙县地处皖南山区，属皖南多雨区，亚热带季风气候，年均气

【1】《周礼·考工记序》指郑刀、宋斤、鲁削、吴剑离开了原先的产地，即使材料工艺相同，也不一定能保证精良。

【2】贾思勰. 齐民要术 [M]. 北京：团结出版社，1996.

温 16.4℃。歙县地区一年中适宜制墨的时间在 6 个月以上，冬季少有冰天雪地严寒天气。在制墨完全依赖自然环境的时代，选择歙县制墨可以得到更高的产量。

明代沈继孙在《墨法集要》中对徽州地区制墨时制胶的时间有明确的限定："凡造胶制墨，宜在正月、二月、十月、十一月，余月造者，大热则造胶不凝，制墨多碎。大寒则造胶冻裂瘃，制墨断裂，小墨尚可，大墨决不可为也。"[1]

《墨法集要》中对晾墨工序也有明确要求：

"荫墨须用稻秆灰，淋过者名曰败灰，其灰作池，无性不猛。日中晒干，罗细用之，以木方盘为灰池，不问四时天气，底灰皆用一寸以上，面灰用一寸以下。灰要摊平，不要捺实，实则不能渗湿。荫小墨不必纸衬，大墨须用纸衬为佳。一免损色，二免灰入墨纹。每日一度，换灰须以一半干灰，一半旧灰和匀用之，不可见风，见风墨断，出灰太软亦断出灰太干则裂，不软不硬，始可出灰。出灰之后，以刷刷净，以脑麝锡合灌之，纸裹藏之。若风中吹晾，则墨曲裂，须记下荫出荫日期，凡二月、三月、八月、九月，灰池可荫二层。四月、五月、六月、七月，可荫一层。十月、十一月、十二月、正月，可荫三层。且如荫三层者，先铺底灰一寸，排墨一层，又铺灰一寸，排墨一层，又铺灰一寸，排墨一层，邻铺灰一寸盖之，此为五层也。春冬荫一钱二钱重者，一日两夜出灰。秋夏荫则一日一夜出灰。春冬荫一两二两重者，二日三夜出灰，大略如此，亦难太拘日数，但以墨相击，其声干响，

【1】沈继孙. 墨法集要 [M]. 北京：中华书局，1985.

即可出灰，此是荫松烟墨法。若荫油烟墨，当稍迟出灰，盖油烟墨元用药水倍多于松烟墨，故干迟也。夏宜高屋阴凉处荫之，冬宜密室向阳处荫之，冬灰宜厚，夏灰宜薄。夏秋蒸湿之化胶怕蒸败，最难制墨，可停造也。深冬板寒之时，胶怕冻败，亦难造也。冬月湿剂，莫久停几案，急急入荫，久荫出灰迟者，则粗白如松煤，色终刷不光。灰湿则晒，天阴则炒。冬寒荫室中，昼夜不去火，然火大火暴，皆为墨病，须审用之也。荫大墨法，先用稍干灰，铺平底下，以纸上下衬墨，以灰盖之，经一日取出，别换润灰，如前纸神灰，盖一日一度，换灰换纸，五六日，候墨干时，不用纸衬，只以墨入干灰，假如辰时一换，午时一换，戌时一换，一日三度，干灰换之，五六日，候墨十分干讫，取出刷净，且未可上蜡，厚纸裹起无风处，半月之后，方可见风。凡治造半斤重墨，宜用此法。"[1]

可以看出，制墨工艺对于自然条件中的时间、温度、湿度的要求非常严格。在进行艺术设计的同时我们需要主动了解并尊重自然，这是作为设计者需要考虑的基本问题。《墨法集要》中的记载就指出了徽墨制作用材、工艺都需应天时地利。

三、材料资源的丰富性

《考工记》"弓人为弓"篇中，记弓人取六材："干也者，以为远也；角也者，以为疾也；筋也者，以为深也；胶也者，以为和也；丝也者，以为固也；漆也者，以为受霜露也。凡取

【1】周礼［M］．崔记维校点．沈阳：辽宁教育出版社，2000．

干之道七：柘为上，檍次之，檿桑次之，橘次之，木瓜次之，荆次之，竹为下。凡相干，欲赤黑而阳声，赤黑则乡心，阳声则远根。凡析干，射远者用埶，射深者用直。居干之道，菑栗不迤，则弓不发。"【1】每种材料都有相应的功能作用，材料成于一器并在其中各尽所能、各负其责，对于材料的选择要有科学的认识。

徽墨制作的主要原料是烟，烟的来源是富含油脂物质的不完全燃烧。制墨最早所用的发烟是松烟，松烟原料来自松树的树脂，树龄越长的松树松脂含量就越高，出烟率相应也高，因此古时松烟多采用百年以上古松炼制，松树较多的地方自然成了徽墨制作的首选地区。徽州古称歙州、新安，其一府六县包括歙县、黟县、休宁、祁门、绩溪、婺源，府治在现歙县徽城，歙县、黟县、休宁、祁门今属安徽省黄山市，绩溪今属安徽省宣城市，婺源今属江西省。其中歙县地区地处黄山山脉，松木资源丰富，为松烟的炼制提供了充足的原料保障。易水法制墨名家李廷珪父子因战乱南迁至歙县安定下来，主要就是因为该地区有大量尚未开发的丰富松树资源，因此丰富的松烟资源就成为古徽墨产地的物质基础。古徽州地区因丰富的松烟资源、优越的自然条件确立了徽州墨的历史地位。

徽墨的选材有多种品类，对于不同的原材料的加工得到各品种等级墨品。墨工需熟知材料的性能、材料与功能产生的对应关系以及加工成成品后在书画中呈现出的美感。徽墨的原料有松烟墨、油烟墨、松油烟墨、漆烟墨、混合烟和工业烟墨几种类型。"松烟墨深重而不姿媚，油烟墨姿媚而不深重。"【2】以松（包括桐木烧烟）为原料，在烧木后得到的烟料中配以胶、

【1】屠隆. 考槃馀事 [M]. 北京：金城出版社，2012.

【2】周礼 [M]. 崔记维校点. 沈阳：辽宁教育出版社，2000.

麝香、龙胆等制成的墨（图 5-1）。体量较轻，手感刚燥，墨色黑无光泽，入水即化（图 5-2）。从明清开始制墨几乎都是油烟墨（图 5-3）。油烟墨以桐油、麻油、猪油、油脂为原料，将烧油得到的烟料加入胶、麝香、冰片等（图 5-4）。油烟墨较重、手感柔润、墨色黑易泛紫光。漆烟墨始于宋代，以生漆为主要原料烧烟制墨，墨色细腻滋润、光亮如漆，因造价高较少出品。此外还有油烟、松烟墨混合制出的混合烟墨，比较少见。还有清末以烧煤烟为主的工业烟墨，质量不及传统原料。

徽州盛产木材、生漆、桐油，这些是安徽传统出口物资，也是徽墨制作的主要材料。徽墨品类多，徽州丰富的材料保证了徽墨生产资源的充足性。例如徽州商人在桐油业中的经营活动使自身获得丰厚利润的同时，也促成了油烟墨兴盛的局面。进入 20 世纪 50 年代，各地墨庄由政府扶持，通过一系列兼并改革，组建了合作社，同时采用桐油制烟工艺，生产出充足高品质的纯油烟墨。从 20 世纪 50 年代屯溪胡开文墨厂自编的内部资料看，桐油烟墨纯度非常高，很少掺杂其他烟料。

第二节 制墨的工艺流程

《考工记》将百工释名为"巧者，合异类共成一体也"，"取六材必以其时。六材既聚，巧者和之"[1]。能工巧匠在

图 5-1

松烟墨原料

图 5-2

歙县老胡开文墨厂松烟墨试墨作品

图 5-3

油烟墨原料

牛黄　　　冰片　　　麝香　　　熊胆

图 5-4

徽墨添加材料种类

最适当的时节取材施以工巧。从材料到工艺要顾及自然变化、地理条件地域特征又要考虑选择材料、加工、工艺。

徽墨制作工艺流程复杂，刻模、炼烟、和胶、杵捣、制墨、干燥定型（晾墨）、锉边、洗水、填金、包装等十多道工序，再细分有几十道工序。每一道工序都有严格的技术要求或艺术要求，都要精工细作，这些工序还必须环环相扣，否则难成其全。工艺环节中有多处关键节点，其中炼烟、和胶杵捣、干燥定型是决定墨品内在质量的关键制作环节；墨谱设计刻模则是墨品生成前造型艺术的关键工艺，是集绘画、书法、造型雕刻等于一体的艺术创作过程，使墨本身成为一种综合性的艺术的重要因素；锉边、填金、包装是墨品生成后的装饰设计的重要流程。由于徽墨制作技艺的复杂性，不同流派各有自己独特的制作技艺，形成了各自的特色与创新。制作技艺需受到科学的保护，关键技艺秘不外传。徽墨在形成品牌效应的基础上建立了人数庞大的墨工群体，这一群体效应维持了徽墨的生产和技艺的传承。

一、古法制墨工序及生产流程概述

徽墨在不同的历史时期有不同的工艺流程，韦诞的《合墨法》、宋代李孝美的《墨谱法式》、宋代晁贯之的《墨经》等书主要介绍了松烟墨的制作方法。《墨谱法式》上介绍的制墨工序有采松、造窑、发火、取烟、和制、入灰、出灰、磨试8个步骤（图5-5）。明代沈继孙的《墨法集要》等书介绍了油烟墨的制作方法，计有浸油、水盆、油盏、烟碗、灯草、烧烟、筛烟、熔

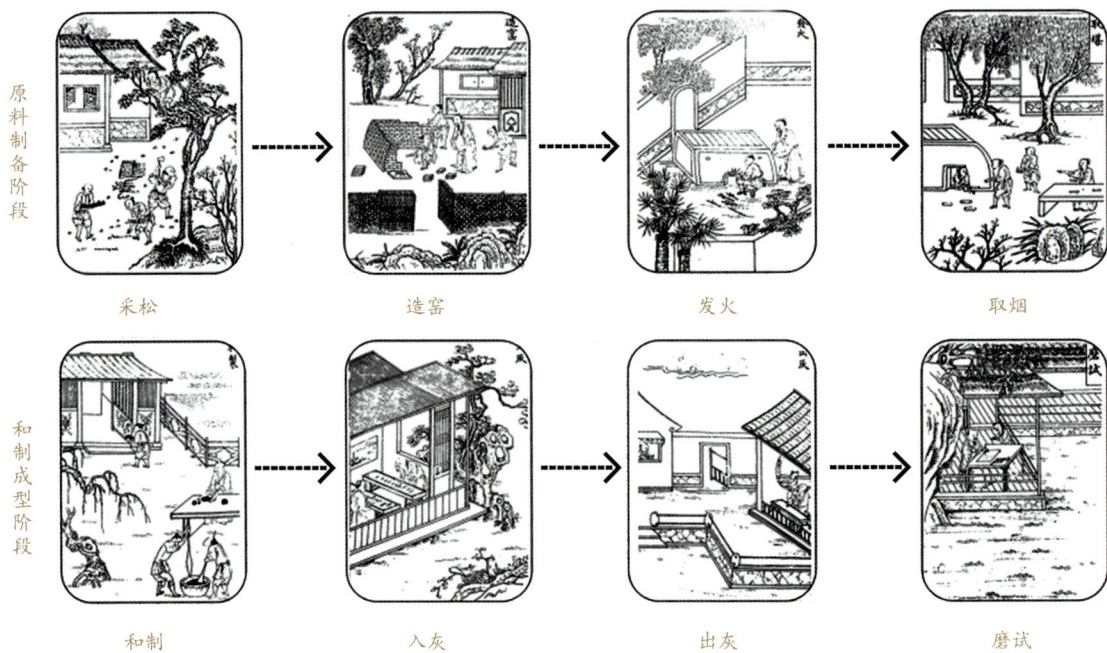

原料制备阶段

采松　　　　造窑　　　　发火　　　　取烟

和制成型阶段

和制　　　　入灰　　　　出灰　　　　磨试

图 5-5

《墨谱法式》中松烟墨制作流程

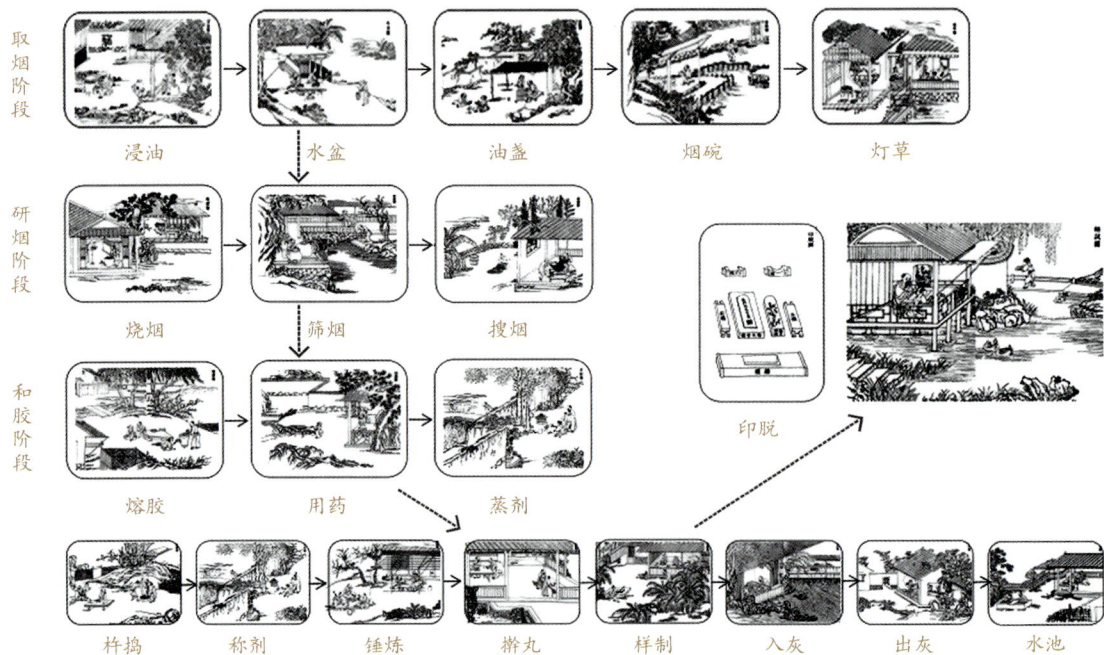

取烟阶段

浸油　　　水盆　　　油盏　　　烟碗　　　灯草

研烟阶段

烧烟　　　筛烟　　　搜烟

和胶阶段

熔胶　　　用药　　　蒸剂　　　印脱

杵捣　　称剂　　锤炼　　擀丸　　样制　　入灰　　出灰　　水池

图 5-6

《墨法集要》中油烟墨制作流程

◎ 中国徽墨艺术

点烟

发火　和料　取煤

和料

烘烤

制墨

称重　搓墨　压模　脱模

晾墨

打磨　抛光　描金　包装

图 5-7

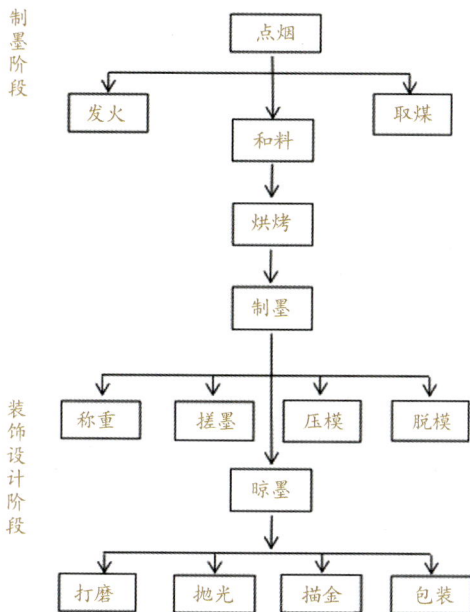

现代徽墨企业中墨的制作流程

胶、用药、搜烟、蒸剂、杵捣、称剂、锤炼、擀丸、样制、入灰、出灰、水池、研试、印脱 21 道工序（图 5-6）。《墨谱法式》与《墨法集要》两书是我国古代制墨工艺技术的珍贵文献。讲解了我国制墨业长久发展以来的理论知识与实践经验，对如何制墨、如何处理和配置原料都做了详细全面的介绍。

现代的墨厂制墨流程虽依然按照古法制墨的程序，分为烧烟或练（点）烟、搜（选）烟、溶（熬）胶、和剂、杵捣、蒸剂、压模、晾墨、打磨、描金、包装等步骤（图 5-7）。

二、炼烟工艺的持续改进

传统徽墨制作工艺中，制墨的基础环节、首道工序就是对烟的采集。在炼烟工艺改革前，民间使用的是古法炼烟。烧烟指的是用选好的古松枝来收集烟灰，等窑冷却后进行扫烟和取烟。点（炼）烟是指手工燃烧桐油或动物油来收集烟灰。烧烟或点烟都是由"发火"和"取烟"两步组合而成。

1. 烧松烟

宋代制墨工艺显著进步，人们已经基本掌握了用不同的方法制取松烟，如典型的平面窑烧烟法（图 5-8），还有创新的立式窑烧烟法、卧式窑烧烟法。古时烧松烟一般就地取材，在松树林中砌窑烧烟，取松木不完全燃烧后取得的烟炱作原料，烧烟窑不同部位取的烟有不同的制墨效果。

2. 点（炼）烟

古法炼烟是非常艰苦的工艺过程，工人在密闭的烟房进行，赤膊在炼烟房中奔走，把千百盏油灯熏结在碗顶的烟灰扫起来，同时不时地拨灯芯、添油、扫烟。古法点烟收集来的油烟成品杂质少、质量高。因操作复杂、出品量少，这一工序逐渐被机械化操作取代（图 5-9）。点烟工艺改革后，改用点烟机

图 5-8

宋代李孝美《墨谱法式》中的平面窑烧烟（局部）

图 5-9

灯盏碗烟（拍摄于绩溪胡开文墨业有限公司）

点烟，将工人从烟熏火燎中解放了出来，生产效率大大提高。

三、烟料收集与等级细分

1. 搜烟

搜烟是在烧烟、点烟之后对烟料进行收集（图 5-10）。收烟的时机和方法决定烟料的质量。松烟需在烧制数日后，窑温未完全冷却时收集。明沈继孙在《墨法集要》烧烟中记载油烟烧制每隔"约四到五刻需用鹅翎扫烟一次，扫迟则烟老，虽多而色黄，造墨无光不黑"。搜烟工作环境艰苦，需要收烟人极大的耐心与细心。现代企业古法制墨时为防止粉尘颗粒吸入，部分已采用现代防烟设备。

2. 选烟

选烟是对烟料进行筛选、分等级制作不同档次的徽墨。烟的质量是成品墨质量的物质基础，古法在采松取烟时对松材的选择、烟的分级都十分讲究。《墨经》与《天工开物》对于烟

图 5-10

现代搜烟（拍摄于歙县老胡开文墨厂）

的等级区分评价都是以离火远近为标准，一般来说，颗粒较细、距燃烧点越远的烟品质越好，称之为"远烟""顶烟"，是制墨原料的上品。通常收集后的烟料用生绢筛子缓慢筛选，去除杂质后陈放，时间越久的烟料墨色越稳。近现代炼烟工序中烟炱，一般不再进行烟质分级，原料的采用、烧窑时火候控制经验等因素，直接影响烟料品质。

四、和制阶段的关键技术

1. 熬胶

胶是制墨中非常重要、不可或缺的一种基本原料。所谓"制墨之妙，正在和胶"，即若不能很好地进行和胶，即使烟粉品质优良也无法形成好墨，若熬胶得当，寻常烟粉也能产出较好的墨。胶的种类有牛皮胶、骨胶、鹿角胶等。将胶融化为胶液，是制墨业的重要环节。

熬胶时在小锅中放入水和胶，再将小锅放到加有清水的大锅内，用炉火将大锅加热，利用大锅里水的温度来烙化小锅里的胶，温度升高的同时用木棍进行搅拌直至胶熔化完全。胶的黏性取决于对加水量、熬制时间、加热温度的控制，需要制墨工具有丰富的经验，所以和胶的方法是制墨工艺制备阶段的关键技术。

2. 用药、用胶

用药，指在软剂墨中添加各种中药，加入胶的作用是黏合，《墨法集要》中提到加入中药的作用不仅是防腐、增香、增色、增亮，还有一点就是增加墨的耐用性，使胶力不败。

用胶对于制墨的重要性首先体现在成形问题上，胶使烟粉凝结为固体便于携带。其次，胶使墨在研磨后稀释的液体短期内不易沉淀。胶提高了墨的黏合力，能使墨长期、稳固地黏附在纸上。和胶增加了墨在研磨和书写时的润滑度，使研磨时磨之无声，书写时浓不留笔。另外，不同胶量的墨在书画中的墨色表现是有所不同的，即使同样的墨在不同纸张上也会有所差异，用胶改善了墨在书写时的光泽，在书画材料上有助于提高层次感，提高书画作品的艺术表现力。

3. 和料

和料是把烟灰和成面团状，根据配方添加胶的比例以及辅料的种类与数量，对墨的品质影响极大，将中药和好之后统一加进去，个别中药需要按步骤加入，具体如何操作自古就是各个墨家制墨的秘技，是确保墨厂立于不败之地的法宝。

4. 杵捣

杵捣是制墨工艺中较为重要的一环，也是制墨工艺中费力最多的一环，这一生产环节目前已实现部分机械化，现代墨厂普遍采用研磨机完成这一工序。古有"轻胶十万杵"的说法，就是说锤打次数越多，墨坯越黏，质地越细腻，使用效果越佳。杵捣时需要用六磅（1磅≈0.454千克）方铁锤对着大团软剂墨用臂力反复捶打，用指力、腕力搓制、翻转墨团，十分辛苦。"现代实验则证明，随着捶打的次数不断增加，胶颗粒逐渐由大变小、由粗变细，最后变成纤维状分布，而烟的颗粒也逐渐向胶体内分散，填充在由胶组成的交联网络内，形成特殊的网状结构。这一网状系统内烟、胶分布十分均匀，彼此渗透，有利于研磨过程中形成稳定的胶体溶液，使墨与水在较长时间内

图 5-11

称剂（拍摄于歙县老胡开文墨厂）

不会出现显著的分离，也就是古人所谓的'杵熟'。"【1】

5.蒸剂

杵捣过的胶状墨团，需要温度保温，保持软剂状态，以便于入墨模。制墨工身旁通常有保温的炉子，夏季炎热时工作环境更加辛苦。入模前要进行粗加工，每锭墨要用天平称重量，称重种类有一两、二两、四两等（一市斤十六两制），称过重量后放在墨墩上备用（图5-11）。

五、成型阶段的影响因素

1.制墨

"制墨"即成型的过程。将称量后的软剂墨反复多次搓成条状，搓时要用手劲按、捺、推、收。嵌入墨模，坐置于墨担（又称墨凳）下，通过墨工自身的体重加压形成墨锭（图5-12）。现代制墨会使用螺栓压榨机代替墨担，这样可以在降低墨工体力消耗的同时提高产品质量（图5-13）。刚脱模的墨要等冷却定型后才能脱模。取出压延后的墨锭要进行修剪，用过的墨模要清理干净。

图 5-12

墨担

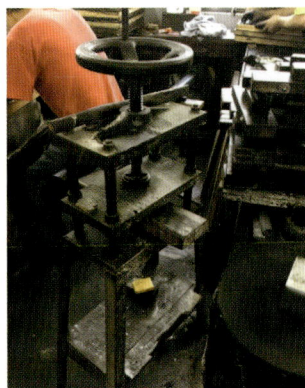

图 5-13

螺栓压榨机

【1】张炜，刘红兵，郭时清.古墨的制作工艺及保存问题的探讨[J].文物保护与考古科学，1995，7(1)：21-27.

2.晾墨

"晾墨"指的是墨坯的干燥定型，是通过一定的温度条件，将墨坯中的水分缓慢脱除。晾墨需要避风避晒，在阴凉处自然风干，温度过高、湿度过低容易使墨的内外水分含量不均，导致表面开裂、弯曲变形等问题。温度过低、湿度较大，则干燥定型过程延长，一方面干燥定型微气候环境控制能耗大，另一方面翻墨造成损毁的风险增加，次品率上升。徽墨干燥定型的控制完全依赖技师的经验。

古代制墨有入灰出灰之法，湿墨要放到炭灰、石灰或稻麦糠中阴干五六天，敲打发出干响才能取出，所以被称为"入灰""出灰"。

现代的晾墨场大多都在室内，要求避免太阳直射和大风，保持恒温恒湿，梅雨时节要保证空气流通以防潮湿。晾墨时为防止墨坯收缩不匀而变形要勤翻动，还要以墨锭的大小为标准决定晾墨时间的长短（图 5-14）。墨晾过之后表面会变

图 5-14

晾墨

得很硬并且平整，敲击时会有清脆的声音，但在没有干透之前墨的表面都有一定弧度，是弯翘的。墨完全干透一般要2个月左右，湿度越高，晾墨周期越长。对墨的生产影响最大的是湿度，湿度略小可以，就怕湿度太大，因为像强光这样的因素是人为可以解决的，湿度却没有办法完美解决，虽然可以用抽湿机来降低湿度，但用这种方法墨容易变形。其实湿度对总体工序都有影响，比如压模，过湿可能需要压的时间更长。但湿度对制墨影响最大的还是晾墨。

3. 打磨

打磨就是把晾干的墨毛边磨掉，锉边修整。如明代方于鲁创制了刮磨工艺，"磋以锉，摩以木贼（一种打磨工具），继以脂帛，润以漆，袭以香药"[1]，继以脂帛指的是抛光上蜡，此法观赏墨多用，能达到"其润欲滴，其光可鉴"的效果（图5-15）。

六、后装饰阶段的品类划分

徽墨在最后的装饰阶段有不同的工艺类型。

1. 描金

描金，又称"填字"。根据墨面图案、文字的需要，描上金粉、银粉或填彩，使墨面图案美观，文字更具有立体感（图5-16）。

墨模脱落下来的墨锭，已按制作者原先的装饰设计成型。但此时的墨锭已经可以直接完工成为出售的成品了，称为"素墨"。对于墨锭表面的装饰处理更多的是晾干燥后作描金填彩处理。描金的作用，可以使图案层次清晰，线形图案部分的描

图 5-15

修剪、锉边、打磨

【1】方于鲁编. 方氏墨谱［M］. 吴有祥整理. 济南：山东画报出版社，2004.

图 5-16

描金

图 5-17

乾隆御题诗"王宠高树虚亭"墨

绘难度较大，图案线条即使细如发丝，也要描得精密细致，毫厘不差，如乾隆御题诗"王宠高树虚亭"墨，其上以金彩描有山、石、树、水等线性纹样，皴法表现（图 5-17），需要描金者理解图案设计意图，色彩感觉良好，并且用毛笔的手法娴熟，才能使图案的展示更立体。如有一丝不慎，就会适得其反，粗糙盲目的描金技艺只会影响墨面美观，降低墨品品质。

2. 漆衣

漆衣墨，是在墨的表面外加漆衣，使墨更显光彩。所谓漆衣，就是在经刮磨、打光的墨锭上涂漆而成。首创于明代方于鲁，盛行于明万历年间，至清乾隆年间最为流行。如方于鲁"天符国瑞墨"，该墨为八边形，两边起框，通体漆皮。正面中心方栏内阳文楷书"天符国瑞"，左下方阳文楷书"方于鲁造"，背面雕避邪，右上方阳文楷书兽名"辟邪"（图 5-18）。漆皮醇厚，似古瓷开片隐现于漆皮间。漆皮工艺特点是光泽醇厚，防水、防潮，装饰之余可防断裂变形。

图 5-18

方于鲁天符国瑞墨（漆衣）

图 5-19

笑逢学书墨（漆边）

3. 漆边

漆边墨，在墨面的四周侧面施漆，正面仍作本色。漆边墨盛行于明代，清代的墨品多在本色墨或漱金墨上，于两面边上施漆，其余地方均不施漆。如笑逢学书墨，这锭为阳文隶书双面砖文墨，正面阳文题字"笑逢学书墨"，背面同样阳文题字"同治七年制"，字体为适应形式进行了形体和结构上的变化。装饰边栏破折，类似砖形（图 5-19），字体质朴灵活，富于装饰美感。

4. 漱金

漱金墨，指外形漱金的墨品，细分又有漱金、雪金、漆金之分。漱金墨指在墨锭表面全涂金粉、银粉或珍珠粉，墨锭金碧辉煌、光彩耀目。所用真金极少，往往用化学颜料代替，或者用纯薄金叶、薄银叶包在墨锭外面，有金银视觉质感。

雪金墨指墨体饰以大小金片，因形似雪片得名；漆金墨，在墨的通体涂以金色后，再施漆装饰而成的墨（图 5-20）。

综上所述，墨锭装饰工序与其他工艺品如青铜、陶瓷的装饰步骤是不同的。墨模印纹是用间接手段把图纹赋予墨面，墨纹是墨在软泥状态下模印而出，而金属器物外表纹样却是金属在液态下入模铸就而成的，两者存在"印"和"铸"的区别。其他工艺品的装饰方式大多直接在对象的表面雕刻或绘制，如画像砖、陶器、瓷器等。这种多重媒介绍装饰方式，使徽墨经历二维、三维之间的多重装饰转换。在墨面外进行极其精致的描金、填彩着色后，墨锭装饰工序就完成了，无须再进行烧制程序，这是与陶瓷等物品着色工序的不同之处。

七、功能性与主题性兼备的包装设计

1. 功能性

徽墨暴露于十分干燥的环境会容易断裂，但长时间处于潮湿的环境中又会产生形变。徽墨特性使其对贮存环境有很

图 5-20

曹素功制漱金千秋光墨（清康熙，现藏于上海博物馆）

高的要求。古人常用棉纸、丝织品、宣纸等将墨锭包裹起来，其目的是防尘、防裂。现代墨业会根据墨锭的大小、数量设计外包装盒。包装内部衬黄缎、棉囊白绫、泡沫海绵，其目的是防摔、防移位。包装的目的是贮墨、防潮、保养，在保持墨品的同时，精美而又有特色的包装装饰也利于徽墨的销售、传播与推广。

2. 主题性

明清墨盒出现了红木、楠木等进口于东南亚的珍贵材料制作的木匣或螺钿镶嵌的漆匣，且都被精雕细琢，十分精致。"藏墨多以锦囊、豹囊、石莲匣、漆匣、木匣等器具。徽墨种类繁多，有些墨品会根据藏墨器具命名，除'石莲秘室'和'豹囊幽赏'外，还有'花锦墨''提锦墨''提梁墨''瑶函墨'等"【1】，与墨品题材主题呼应。古人对小批量定制墨的贮藏尤为精心，常将墨先放于宣纸、丝绸中包裹，或置于锦囊后再放入木匣、漆匣中。明清时期大量精美的集锦墨、珍玩墨，特别注重包装，配套工艺精湛的墨匣储存，如锦匣、黑漆描金匣、嵌螺钿漆匣等（图 5-21）。漆匣外绘山水、龙形、博古，给人精美绝伦、赏心悦目之感。墨匣是墨文化的有机组成部分，已成为精美艺术品。【2】

现代徽墨企业主要从事批量徽墨生产。包装设计是与立体形态的产品设计相结合的设计艺术，属于平面设计的范畴。一个优秀徽墨产品的包装设计会助力徽墨产品销售，不仅能够支持产品体系，吸引更多的消费者，达到促进销售目的之外，还能突出产品的文化特征，在实现保护作用的同时将优秀传统文化进行传承与推广。

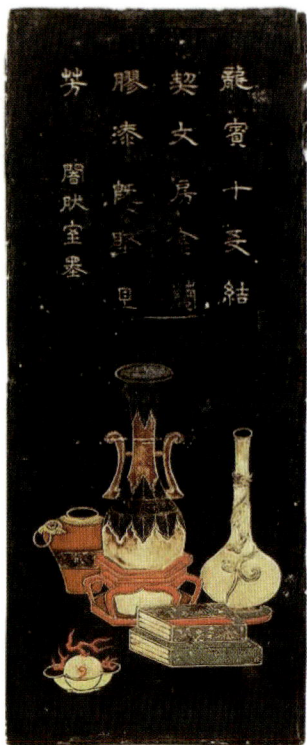

图 5-21

吴天章"龙宾十友"集锦墨盒

此套墨在故宫博物院、安徽博物院、苏州博物馆、天津博物馆分别有收藏。盒内墨因大小不同、造型各异而巧妙拼装。盒盖绘图形式不一，大多彩绘博古图，金漆篆书或隶书。"龙宾"意思是守墨之神。

【1】袁恩培，程辰. 论"石莲秘室"设计思想对徽墨现代包装设计的启示 [J]. 包装工程，2013(8)：9-11.

【2】王毅. 中国徽墨 [M]. 上海：学林出版社，2011.

◎ 中国徽墨艺术

第六章

墨模雕刻技艺

墨模，旧称墨范、墨脱，或"脱子""印脱"，是一种制墨的工艺模具。墨模的设计与开发极大地促进了徽墨制墨业的繁荣，也促进了新安画派和徽州版画的发展势头。在徽墨制作时，对墨模原料、制作、质量、雕刻及工艺要求均很高，所以墨模的开发、制作也都被历代制墨名家所重视，不惜工本投入大量资金制作墨模。由于雕制墨模需要精于书画的能工巧匠费时费力精心雕琢，所以他们也邀各路雕刻名家各显身手，为后代留下了丰厚的历史文化遗产（图6-1）。墨模的文物价值和文化价值与名家的设计制作有所关联，与诗书画印艺术修养联系紧密。随着岁月的流逝，现有许多非常优质的墨模需要保护与翻新。

　　设计的结论有两种，一种是以结果为定义的，一种是以过程为定义的，墨模属于以过程为定义的艺术形式[1]，是与徽

【1】陆小彪，钱安明.设计思维与方法[M].南京：江苏凤凰美术出版社，2018.

图 6-1

清御品贡烟墨模（歙县老胡开文墨厂藏）

墨一样独立的艺术品，本身并不似徽墨一样进入市场进行流通，可以作为最终产品展示，所以很少为人所知，[1]墨模在徽墨艺术中的存在意义与价值是徽墨能否成为艺术的创作根基，决定了墨家、艺术家能否通过徽墨创作为艺术提供富有启示性的思维以图像呈现。墨模的制作集中了金石、雕刻、书法、绘画等各类艺术文化，成为徽墨发展过程中的一个重要环节，这也是徽文化不断向综合化与成熟化发展的一种体现。

第一节　墨模的发展

早期的墨由制墨工人徒手捏成，有的呈丸状；有的搓成圆柱体状；有的做成墨丸后还需压成几何形的粗坯，再趁墨坯未干燥之时用刻有花纹或文字的墨印压印。1978 年，江苏武进出土的南宋叶茂实造墨，其成型方法是用墨模制出墨锭，再用刻有文字的墨印钤刻装饰表面，呈现阳文"实制"二字。

一、东汉时期 —— 造型与品质的相互驱动

东汉时期墨已出现墨模雕刻花纹的雏形，为墨模发展初期。墨模的发明在提高了墨质量的同时也改变了墨的外观和生产方式，还改变了墨的使用方法。不论是墨的形状开始逐渐偏大，或是墨的样式逐渐趋于规整，都是受墨模出现的影响。墨模制墨对我国制墨发展具有里程碑式的意义，自此以后，模制墨的基本技术一直沿用了下来。

魏晋时期制墨的技术更加成熟，制作成本降低，这时的墨

【1】杨书远，沈晓伟. 徽墨墨模的通性与特异性 [J]. 文物鉴定与鉴赏，2017(1)：90-91.

无论密度、质感等均比前代有极大提高，配料也越来越讲究，墨模的制作与使用已经普及。

二、唐宋时期 —— 墨模雕刻与书画艺术的融合

根据唐朝末年《七修类稿》载"廷珪墨形制不一，有圆饼龙蟠而剑脊者，有四浑厚长而两头尖者，有如弹丸而龙蟠者……"可知，唐代时李廷珪墨开始驰名，随着自身的快速发展，模具模式渐多，墨模上雕刻的艺术性、创造性也逐渐被墨家们重视。

宋代空前发展的雕版技术推动了墨模工艺的进步，相比于唐代墨模在技术上有很大的进步和完善。宋代，徽州年贡龙凤墨千斤。制墨名家潘谷制作的墨刻有"杜丸""狻猊""枢廷东阁""犀角盘双龙"等形制；徽州名墨工戴彦衡在宫中制作的复古供御墨墨面上刻有传说是宋代名画家米友仁所画的"双角龙""珪璧""戏虎"等，这些都可证明此时为墨模艺术与中国书画艺术融合的开端。

三、明清时期 —— 以徽派版画为基础的技艺发展

明代中期是徽墨制作的黄金时期，徽州地区的制墨人才辈出，建立了百余家的制墨名坊，成为大部分制墨业的集聚地。制墨行业激烈的商业竞争促使墨品质量越来越高，墨的艺术形式越来越丰富，到了非常成熟的阶段。尤其是明代集锦墨的出现，显示了当时的刻模技术已经达到了成熟的阶段，墨模已由

多模一锭发展演变成一模一锭。一模一锭是将几块墨印制成六面，嵌套在总模的框内，组成一个完整的墨模，这样既节省了工序也提高了工艺效果。

明代是徽州版画艺术的黄金时代，古徽州歙县虬村黄氏刻工在中国古代版刻史上独占鳌头。墨模的刻工多有版画雕刻基

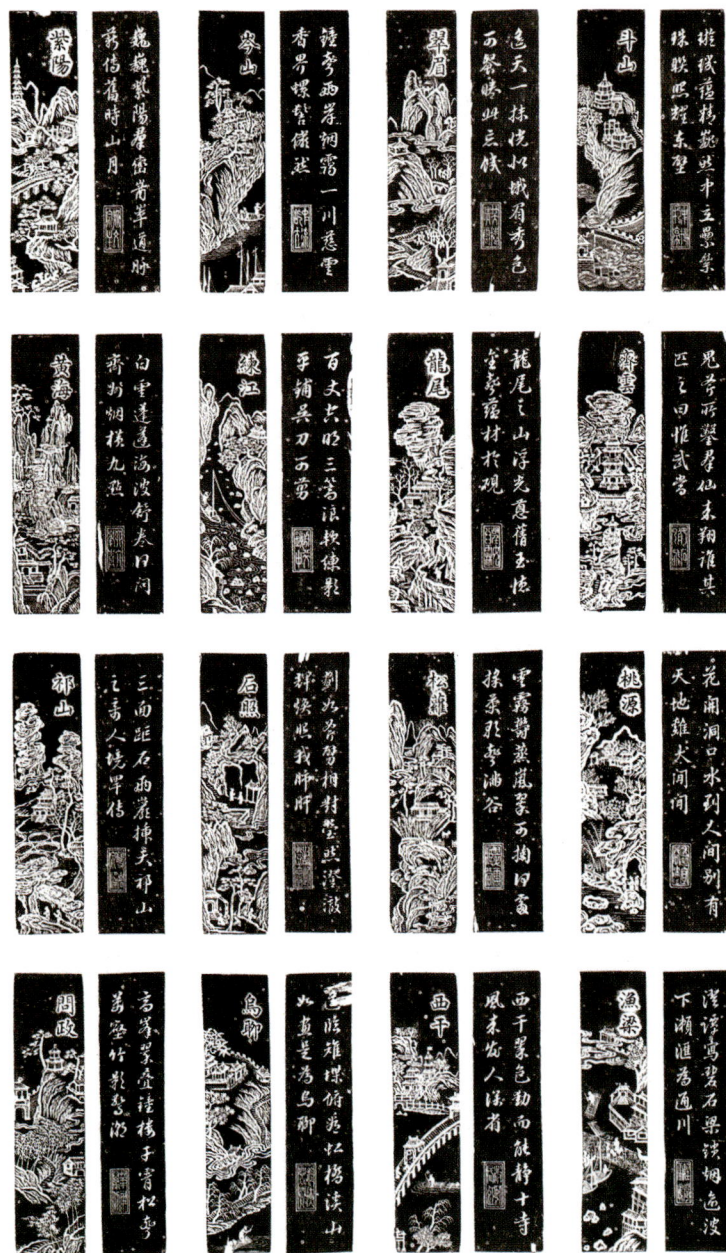

图 6-2

新安大好山水（墨锭拓印共16锭[1]汪近圣"新安大好山水"墨模，以新安画派、徽派版画为基础，记录了徽州众多风景名胜之地的特色，其样式之美与雕工之精冠绝一时）

【1】石谷风．徽州墨模雕刻艺术 [M]．合肥：黄山书社，1985.

础，既有丰富雕刻技艺，又有独特的书画修养。徽派版画大多出自虬村黄氏刻工之手。此外，明代徽州地区版画代表性刻工还有鲍氏、王氏、汤氏等家族。徽派版画经历了四五百年的辉煌，涌现了大批镌刻巧匠。他们往往师徒相传，子承父业，造就了具有鲜明地方特色、内容丰富的版画流派体系与工艺，助推了徽墨的创作与技艺发展（图 6-2）。

明代中叶以后徽墨生产已商品化，以程君房、方于鲁两家最为出名，《程氏墨苑》一书刻绘图式有 500 余种。《方氏墨谱》一书刻绘图式有 380 式。方于鲁、程君房两家聘请丁云鹏、吴廷羽等名画家为其墨谱绘画之后，还分别邀请歙县黄德时、黄应泰等雕刻家刻版。除这两部成为研究明代墨模艺术极为珍贵的墨谱外，另有方瑞生辑《方瑞生墨海》12 卷，由画家郑重、魏之璜绘图，歙县黄伯符刻版，共收古代墨造型 148 式，方瑞生造墨图案 234 式。这三部墨谱纹样精美、线条绘制细如发丝，是明代墨谱艺术的巅峰之作（表 6-1）。

表 6-1 明代徽州版画、墨谱图稿画家

画家	生平简况	代表性作品
丁云鹏	字南羽，号圣华居士，休宁县城西门人	《养正图解》《性命双修万神圭旨》《观音菩萨三十二相大悲心忏》《泊如斋重修宣和博古图缘》《泊如斋重修考古图》《方氏墨谱》《程氏墨苑》
吴廷羽	又名吴羽，字左千，生卒年月不详，歙县丰南人。活动于明隆庆到明末年间。为丁云鹏徒	《方氏墨谱》《程氏墨苑》《墨梅图》《泊如斋重修宣和博古图缘》《古本荆钗记》《天下名山胜概记》
郑重	字千里、重生，号无著、潭上居、天都懒人、风道人，生卒年月不详，明万历前后歙县诸郑人，后旅寓金陵	《方瑞生墨海》《天下名山胜概记》《黄山志》

清代制墨业墨模精品雕工精细、图纹华美、种类繁多、制作精良，御园图集锦墨（图 6-3 至图 6-6）、乾隆御制仙山楼阁墨（图 6-7）等，制墨名家留下一批艺术价值极高的精美墨模。

图 6-3

御园图集锦墨（委宛藏墨模及徽墨，歙县老胡开文墨厂制）

图 6-4

御园图集锦墨（怡情书史墨模及徽墨，歙县老胡开文墨厂制）

图 6-5

御园图集锦墨（涵雅斋墨模及徽墨，歙县老胡开文墨厂制）

图 6-6

御园图集锦墨（镂月开云墨模及徽墨，歙县老胡开文墨厂制）

图 6-7

清乾隆御制仙山楼阁墨

四、现代制模——修复、保护与传承并举

从民国以后到现在，徽墨制作一直以胡开文墨厂和曹素功墨厂为主。今日之徽墨，在制作墨时都是新旧墨模同时使用，新雕的墨模，雕刻较明清时期墨模相比数量较少，刻工的缺乏与传承人的年岁已长，致使精品墨模的出现多还是停留在明清时期或 20 世纪 80 年代。

现代墨模作品包括"南京长江大桥""万里长城""新安江水库"等反映我国壮丽山河题材的新墨模，还包括对一些失传精品"新安大好山水""黄山图""宝翰凝""墨宝"等的重新仿制。1985年，歙县老胡开文墨厂推出一套高档"中国书画家墨"，该墨取张大千、刘海粟、唐云、程十发、李苦禅、陆俨少、林散之等书画家所题诗画为范本，精制成模，堪称当代墨模精品。2018年，歙县老胡开文墨厂在故宫博物院徽墨研究专家的指导下，对现存的一批清代墨模进行修复保护，为墨模工艺的传承与徽墨的创新做出了贡献。

第二节 墨模的结构与造型

墨模形制为"七木溱成，四木为墙，夹两片印版在内，板刻墨之上下印文，上墙露笋用，下墙暗笋嵌住墙，末用木箍之，出墨则去箍"[1]。墨模的形状主要有长方形、方形、圆形、斑柱形、六圭形及不规则的杂珮、人物、鸟兽等。图案题材较广，包括亭台楼阁、花卉树木、龙凤鸟兽、山水人物、诗人名句等（图6-8）。

墨模有外模和内模之分，内模印版有2版、4版或6版。正模、背模、左模、右模、上模、下模嵌入外模组成总模，其中正模版面和背模版面是主要版面，绘画、题字的雕刻都集中表现在正模版面和背模版面上，又称为印模和底模，通常印模为图，底模为文。两边称作边模，分为左模和右模，一般刻的是生产单位或作者名称，如"歙县老胡开文墨厂"。上下模又称作横头版，上横头大多刻有墨的品类字样。雕刻模版是将已经绘制好的图文拓在印版上，循图刻制。若所需的墨面为阳纹，模版的雕刻则为阴纹；若所需墨面为阴纹，则模版为阳纹。在

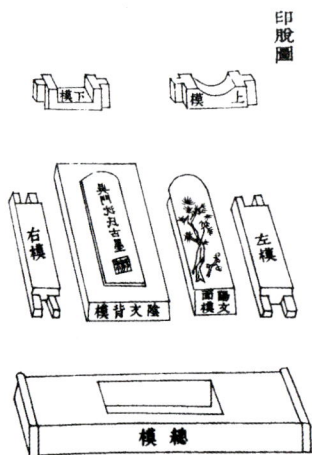

图6-8

印脱（墨模）图（《墨法集要》，明沈继孙）

【1】沈继孙．墨法集要［M］．北京：中华书局，1985.

◎ 中国徽墨艺术

图 6-9

御制四库文阁（文源阁）墨模（现藏于安徽博物院）

图 6-10

御制四库文阁（文源阁）墨模（现藏于故宫博物院）

图 6-11

新安大好山水墨模（现藏于安徽博物院）

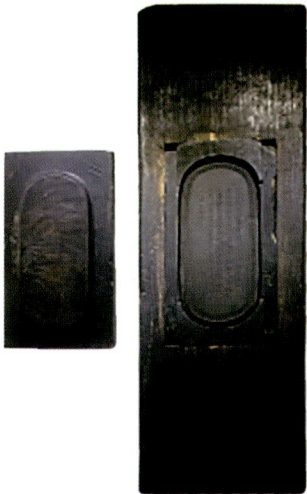

图 6-12

四库文阁墨模（现藏于安徽博物院）

墨模上雕刻的花纹、文字为反形，塑印于墨锭上则为正形了。

墨模可分为扁平形墨模和圆形墨模两种形式。扁平形墨模，里嵌正背模、上下模、左右模。上下模有十字形的交接，和左右边模的接口接合。操作时 6 板合拢，保持外形底宽于面，中间需要空出上下空间，以便控制墨的厚薄，使墨分量准确，坚固耐用，如四库文阁墨模（图 6-9、图 6-10）、新安大好山水墨模（图 6-11）。制墨时将墨嵌套在底模上，束入外框中。置放搓好的定量的墨剂，压上正面，嵌入外模合紧起来，再用手锤砸拍下印模，锤到一定程度即成。拆墨时，把底模、里嵌连同印模一起散落，揭去印模，拆开里嵌，即可取墨（图 6-12）。另一种是圆形墨模及偶像形墨模，即为四模板或两模板合成，

图 6-13

"八仙钟离权"圆形
墨模（由两模板合成）

墨模的凹凸随形而异，外面亦用木框束之。如歙县老胡开文制
"八仙钟离权"墨模（图 6-13），圆形墨模或人形墨模雕刻
难度增加，需在考虑立体感的同时还要考虑脱模的便利性。

第三节　墨模的雕刻工艺

墨模雕刻属于反向雕刻，刀具有百余种，以工细、写实见
长，对工艺水平要求较高，运用刻、铲、剔、刮等刀法，在
硬木制成的木模具上刻画出书法、绘画、印文、纹样等。

一、墨模的原料及制作工序

墨模印版材质多为在徽州山区盛产的石楠木，此木具有木
质细腻、结构紧密、密度高且坚硬的特点，这些特质决定了它

是用于制作墨模的不二之选。外框一般采用檀木制，耐腐防虫。墨模可长期保存，柔韧而不脆，干燥后不裂，且不易变形。也有质量稍次的墨模，其原料取于棠梨木和杞树等。金属材料制作墨模难度较大，制墨不易成功。

墨模制作工序分为选料、热处理、取料、制外框、制上下印版坯、制内扣。刻模工序有画样稿、制刻刀、精修印模底模、印模底模印画样、边模题名、横模题识、雕刻、试印版、反复加工、最后刷样庋藏（图 6-14）。

图 6-14

墨模"庋藏"（摄于胡开文墨厂）

二、墨模雕刻工艺特点与版画雕刻的通性与特异性

墨模雕刻工艺与技法和其他工艺美术品的雕刻相比具有相似之处又各有不同（表6-2）。在雕刻工艺上，墨模雕刻是在版画雕刻基础上发展而来的。因为墨谱与版画画稿的绘画风格和我国传统绘画中的白描法关系密切，这种形式的表现方法决定了在进行墨模和版画雕刻时每根线条都要表现明确，精美纤细。在雕刻中都用粗细不一、疏密有致的曲直线条来表现景物的大小、远近等空间关系，用线的强弱、粗细表现景物的虚实关系，从而使画面更加明朗、和谐。

《中华印刷通史》提到"徽州版画刻工很多原来就是雕刻

表6-2 徽州墨模雕刻与版画雕刻的区别

	徽州墨模雕刻	徽州版画雕刻
工艺流程	名画家设计绘画→图片反向拓印→石楠木雕刻	名画家构图→图片反向拓印→梨木、枣木等果木雕刻
雕刻刀具	开路刀、平铲刀、平刮刀、内凹圆铲刀、边创刀、勾线刀等	三角刀、圆口刀、平口刀等
雕刻刀法	双刀平刻、单刀平刻、尖刀、斜刀、卷刀、转刀、逆刀等	正切刀、歙刀、覆刀、摇刀、旋刀、浮沉刀、涩刀等
雕刻技法	墨模雕刻版面小，构图紧凑，雕刻技法以阳刻、阴刻、浮雕为主，人物墨主要是圆雕雕刻	版画雕刻以阴、阳刻为主，即凹线显形和凸线显形
呈现方式	墨模雕刻最终的呈现方式是以三维图形的墨锭来表达，故而在雕刻时要求凹处平整光滑，防止墨锭出模时出现意外	版画最终是在雕版上刷上油墨再通过印刷在纸上呈现二维的图像，所以在雕刻时凹处的线条可以不用去除，留下即可

墨模的匠人"。[1]在雕刻技法上，墨模雕刻与版画雕刻有相似性也有特异性。不同于传统木雕直接在木料上呈现工艺之美，墨模和版画雕刻需要在画师提供的画稿的基础上雕刻，墨模雕刻完成后需要将打制好的墨坯压印在墨模中，这加大了墨模雕刻的难度。墨工在进行雕刻时不仅要保留所需要的文字、线条、图形，而且要保证雕好的部分线条平整，内部凹处也必须光滑、平整、圆润。因为要考虑墨模是生产工具，对墨的外观有直接影响，墨出模时墨有巨大的胶力和黏性，毛头和不光滑的瑕疵之处会被撕毁，一方面会影响墨的外观，产生残次品；另一方面会使墨模损坏，影响墨模的连续使用价值。若论及墨模在脱模工艺上与雕刻细节上的要求，就远远超过版画。

版画的雕刻也选择线描画稿，刻工们以刀代笔将画稿再现于雕版之上，不同于墨坯压印于墨模之中制成墨锭才算完整的艺术品，版画最终的艺术呈现方式是印刷。印刷之前会在雕刻完成的雕版上涂墨，由于受墨只会在雕版凸面位置，所以在雕刻时只需要把图形和线条留下，图形之外内部凹处不需要的部分用刀铲除即可，远远不如墨模雕刻的难度大。

墨模与徽州版画雕刻的相同之处在于雕版和工具，郑振铎先生在《中国古代木刻画史略》中提到"墨模雕刻是继承了雕刻精细的凹版墨范的传统，不过易凹而凸而已"[2]。徽州版画常刻的是阳线，而墨模雕刻多是或凹或凸的浅浮雕以及阴文图案。

三、以平底浅浮雕为基础的多样雕刻技法

墨模雕刻的技法分为阳刻和阴刻。阳刻包括浅浮雕、浮

【1】张树栋，庞多益，郑如斯，等.中华印刷通史[M].李兴才审校.北京：印刷工业出版社，1999.

【2】郑振铎.中国古代木刻画史略[M].上海：上海书店出版社，2006.

雕、圆雕，阴刻包括线刻、浅刻和深刻。其中，不同于其他雕刻艺术，墨模有一种基本造型技法——平底浅浮雕，即刻出凸起于平底 0.1~0.2cm 的阳纹，平底、阳纹边缘、凹下的部分要刮平、刮光并处理成一个平整托起阳纹的底面，钤出的墨表面才能平坦光滑。

在墨模雕刻前先是绘图，然后将图分别拓在数块内模印版上，循图刻制。在刀法上分为平刀法、铲刀法、圆刀法、侧刀法等，根据所绘题材的风格特点，最终刻出的形态将产生不同的变化，或锋芒犀利，或纤丽清秀，下刀以 85° 角为宜。如图 6-15，面模中央浅浮雕雕刻"看鸟水榭"（中间深刻四边形建筑边框，四周阴刻花草纹，背模都是阴刻，楼榭、山石用直刀深刻，柳叶绿草等用圆刀浅刻）。

除了反向雕刻，还有一墨模雕刻技法难点体现在雕法的局限性上。墨模雕刻的每一刀都要求精确无误，否则会前功尽弃，所以作为一种生产工具应首先考虑其生产功能。为了卸墨时使

图 6-15

清墨模"看鸟水榭"

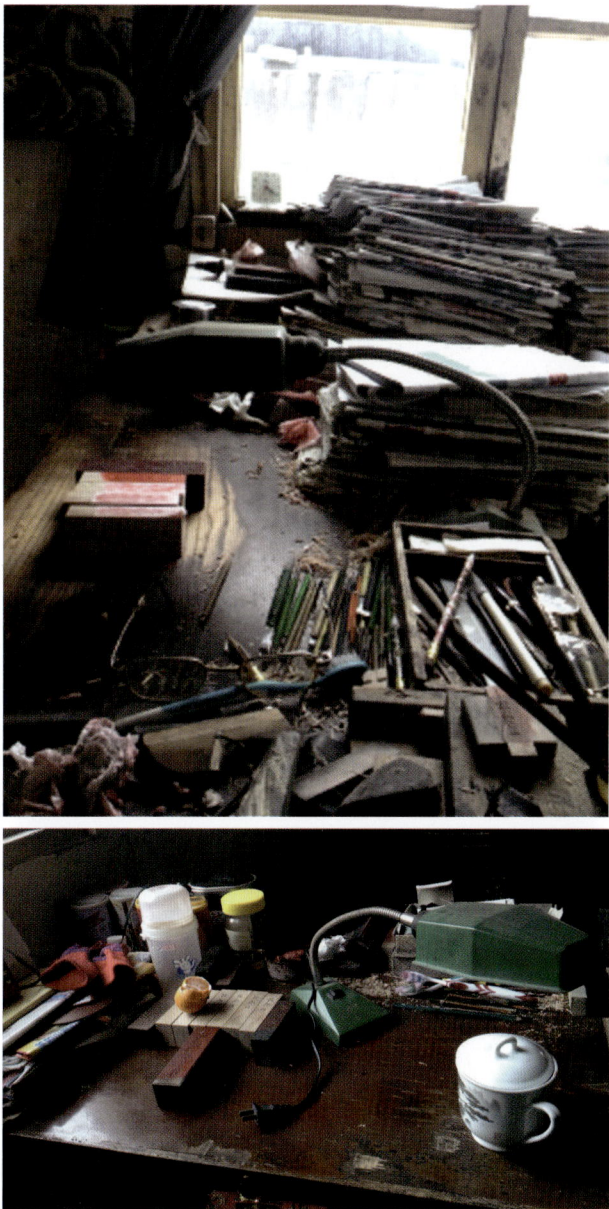

图 6-16

歙县老胡开文墨厂墨模雕刻师工作台

墨更容易出模，同时又不损坏模具，在雕刻时要避免朝里凹的刀法或镂空雕等创造层次感的技法，这些不适用于墨模雕刻的刀法会导致墨锭难以出模，对于雕刻立体人物等题材就有一定的局限性，也就导致了墨模的艺术表现力受到影响，所以需要在雕刻细节上弥补更多的不足。如何去处理表现有局限性的题材，需要雕刻者在技艺的研究上有极大的耐心。

徽墨的墨模雕刻一般包括通体雕刻和分面雕刻。通体雕刻墨锭自身的风格纹样自由，无严格块面分割，工艺上相对分面雕刻要简单些。分面雕刻则在其相互独立的工作面上操作布局。

墨模雕刻技艺需要刻制者有较强的创作能力、高超的雕刻技艺与深厚的艺术功底。在老胡开文墨厂中，墨模雕刻师工作台上除了制作工具，还堆满了大量与书画研究相关的期刊与报纸（图 6-16 至图 6-18），长年的艺术浸润与技艺提升是墨模雕刻师成长的必要环节。

图 6-17

歙县老胡开文墨厂墨模雕刻师画案

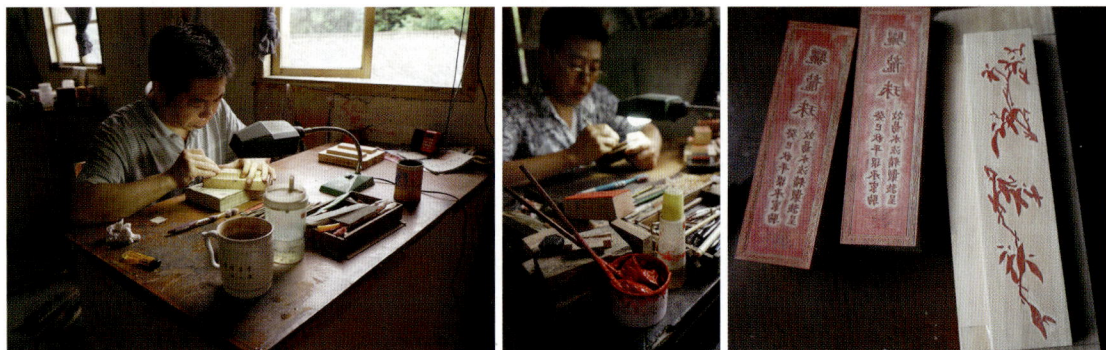

图 6-18

歙县老胡开文墨厂墨模雕刻中

第七章

徽墨艺术的传承、保护与发展

徽文化萌芽于魏晋，发展于唐宋，鼎盛于明清并影响全国，是以徽州地缘为纽带，流传至今且保存较为完整的传统历史文化。从 20 世纪 20 年代开始徽学就被国内外学者所重视，它以徽商的发展为经济基础，包含诸多内容，其中徽州工艺涉及徽州三雕、徽派篆刻、徽派版画、徽墨、歙砚等方面。如今，随着时代的快速发展，其特有魅力愈显突出。

　　徽墨技艺是徽文化的核心组成之一，在千年传承中，徽墨的使用范畴逐渐被突破且衍生出以墨为载体、能够表达出丰富价值取向与精神内涵的徽墨文化。徽墨技艺则发展成为集雕刻、炼烟、合料、杵捣、干燥、描金等二十余种工序于一体，兼具实用价值与艺术美学价值的民间工艺，尤其是墨模雕刻更是集绘画、书法、造型、雕刻等于一体的艺术创作过程。因此，2006 年徽墨技艺即被认定为我国第一批非物质文化遗产，2009 年位列我国向联合国教科文组织提交的 35 项"人类非物质文化遗产代表作名录"申请之一，其艺术成就在我国传统文化领域的地位得到了广泛的认可。

第一节　徽墨制作技艺传承

　　徽墨因产于古徽州而得名，其中歙县、绩溪县、屯溪区三地为传统的徽墨制造中心。目前，徽州地区具有代表性的较大规模的徽墨厂有安徽省歙县老胡开文墨业有限公司、屯溪老胡开文墨厂、绩溪县墨厂、歙县聚墨堂墨业等。这些厂家中多数的生产工艺仍然采用传统的手工工艺，生产技术仍然采用师傅带徒弟的方式进行传承。

徽墨制作技艺自古是家族秘传、口传心授的传承模式。由于技艺传承人年龄结构老化，徽墨制作中点烟、搜烟、熬胶制墨等环节生产条件又相对艰苦，古法制墨精品需两年左右时间，制作周期漫长，加之早期文化推广模式不够丰富，导致行业吸引力低下，其造型艺术与雕刻技艺的传承处于萎缩状态。因此，徽墨制作技艺及民间散存的艺术精品存在自然消亡的风险。作为我国三大显学之一的徽文化的重要物质载体，如何对徽墨技艺及艺术精品进行科学传承和抢救性保护，也是徽文化传承与弘扬的重要支撑。

一、以厂育人、守艺传习

徽墨的文化、技艺传承离不开传承人个体，个体发展与徽墨的企业时局又有着密切的关系。歙县是古徽州府所在地，是徽文化的主要发祥地之一，被誉为"徽墨之都"，有各类墨砚企业近 200 家；而徽墨技艺作为典型的非物质文化遗产，自启动非遗传承人认证以来，共有国家级徽墨遗产传承人 5 人，省级文化遗产传承人 30 余人，大部分的非遗传承人都是徽墨企业的技术骨干或经营者。与这些传承人相关的代表性企业包括安徽省歙县老胡开文墨业有限公司、屯溪老胡开文墨厂、绩溪胡开文墨业有限公司。

徽墨制作与技艺传承的场域经历了作坊、厂、公司的传承衍变（图 7-1）。以歙县老胡开文墨业有限公司为例，该企业是全国知名老字号，创建于 1782 年，至今已有两百多年（图 7-2）。建国后，歙县政府为保护和发展民族传统工业，于

图 7-1

家庭作坊式徽墨工坊

图 7-2

歙县老胡开文墨厂

1956 年 7 月将当时仅有的老胡开文、胡开文正记、胡开文顺记、胡开文仁山氏四家墨庄合并发展成为公私合营的老胡开文墨庄。1982 年更名为歙县老胡开文墨厂，先后投资数十万元扩建厂房，徽墨墨业再度得到空前发展，2003 年企业改制后，又更名为安徽歙县老胡开文墨业有限公司。

经历了 1956 年全国徽墨复兴潮，徽墨的制墨技艺得到了传承与创新，制墨工艺传承方式也由千年传承的家庭作坊演变为工厂生产。1961 年歙县老胡开文墨厂恢复桐油烟生产，1982 年注册了"李廷珪"商标。现有生产车间包括古法点烟车间，制墨室、描金车间、晾晒车间等，占地面积为 9600 平方米，有员工 256 名，其中各类技术职称人员为 84 人，公司保持和发扬其独特的工艺水平，至今仍坚持保留法制墨。

生产设备包括点烟机、压墨机、搅坯机等，公司现藏有 1000 多套不同历史时期的珍贵墨模，藏有"十大仙"全套墨模（乾隆四十一年雕刻），藏有荣获 1915 年万国博览会金奖的地球墨墨模、圆明园 64 景墨模、棉花图的墨模等清代墨模，具有极高的文物价值，这些收藏与复原既体现了徽墨复兴历程，也见证了社会发展进程，成为一种"时代记忆"。

今天活跃在制墨一线的公司法人周美洪是全国首批国家级非物质文化遗产徽墨制作技艺代表性传承人。此外还有屯溪老胡开文墨厂法定代表人国家级徽墨非遗传承人制墨大师汪培坤等，这些传承人都曾经有过在各墨厂学艺、工作和主导工作的经历，多从十几岁起就进入国营墨厂工作，在艰辛劳作中学习历练。

20 世纪八九十年代，社会的开放、艺术思潮的涌动也推动了中国书法、国画创作的发展与变革，徽墨创作在艺术浪潮下再次蓬勃发展。20 世纪 90 年代后期，因为墨与现代生活方式渐远，随着书画的风潮逐渐褪去，加之制墨工艺费时费力，时间成本、价格不具备优势，难以吸引年轻人坚持从事这项技艺和制作徽墨作品。现在，公司有意培养年轻人从事核心难度徽墨制作工作，图 7-3、图 7-4 为歙县老胡开文墨业有限公司培养学习刻模工艺的年轻人。

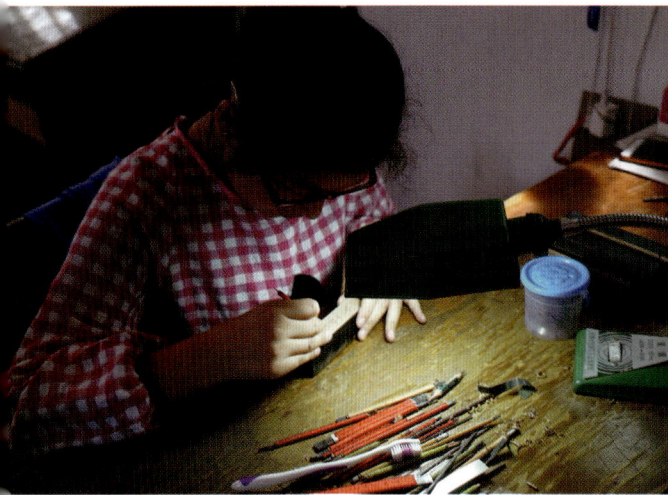

图 7-3

歙县老胡开文墨业有限公司培养学习刻模工艺的年轻人

图 7-4

培养学习描金工艺的年轻人

二、传承主体的技艺创新

徽墨无论是图样还是墨品，均需要较强的工艺与技术水平。徽墨的造型与图案，墨品的原料与工艺，都在很大程度上取决于制墨手工艺者对工艺与技术的把握。除了设备等硬件的不断升级，徽墨的手工艺者在技艺的创新上都表现出很强的韧劲，他们对传统技艺与工具的改良与创新，让徽墨焕发出光彩与生机。

非遗传承人群是掌握核心技艺和知识体系的传统文化基因持有者。他们与社会的连接度高，主动创新能力强，并且有迫切的发展愿望，多具有较强的专业研究能力和创新意识。如积极开展校企合作，开设非遗制作技艺班，教授徽墨制作、墨模雕刻课程，在培养年轻的从业人员同时也在不断更新技术、创新产品，紧紧抓住时代的脉搏，通过研学游、直播、电商等推介方式，将徽墨推向世界。

这些传承人在推动技艺传承的同时具备较高的创作能力，为徽墨传统工艺在当地的保护发展做出了重要贡献，如屯溪老胡开文墨厂国家级非遗传承人汪培坤，用10余年时间恢复了古法炼烟技艺，在研究古松烟墨配方的基础上，还研制出了数十种古法新墨，交由十多位画家试墨，开模尝试创新，丰富了徽墨的黑度层次。如世纪紫云松烟墨、大漆烟墨、鹿茸胶墨、精细油烟墨等。他在研究古法制墨基础上，探索新型点烟技术，优化点烟设备，大大提高了油烟的提纯率和回收率，改善了点烟环节车间环境。研究厂里所有古法配方，将新型材料融入古法制作，提升了徽墨的品质。汪培坤将自身的漆艺与制墨结合，并经过几十次不断试验，恢复了漆烟墨的生产，与纯土漆点烧漆烟炱技艺为国内制墨业中首创。在描金工艺上，创新研发的胡开文徽墨"幻彩法"描金技艺，添加了新型材料，在五彩墨的基础上创新了幻彩描金墨。诸如此类，技术与工艺的创新，需要传承者潜心深入，在丰富经验基础上实验，经过不断的摸索，才能将工艺提升发展，使这些传统工艺研制出的徽墨能与现在市场上的新科技产品竞争，将其发展推向新的高峰。

三、技术交流与内外驱动

在徽墨非遗传承和创新设计过程中，除传承主体核心驱动外，还需要更多外围创新主体不断介入，以形成社会驱动主体。

首先，工艺的发展不是孤立的，同行的交流对于个人的艺术造诣和工艺的提高都有着不容忽视的意义。早在清代，徽墨的技艺交流就对工艺与生产技艺产生了很大的影响。徽州工匠长期在清宫造办处服役，将徽墨生产技艺带入宫廷。徽墨雕刻技艺亦是如此，由于受徽州版画工匠影响，也将版画雕刻技艺融入墨模雕刻，相互影响。

其次，外围驱动主体主要还包括学院的专业教育与培养、社会机构、品牌企业，提供在学术研究、商业通路、公众传播等维度的创新动力。徽墨企业与高校合作，如在安徽农业大学的帮助下，聚墨堂墨业有限公司试制了可拆装式半封闭干燥定型设备。该设备左、右、上、下封闭，其中顶端开孔透气、前、后可拆卸，底部开放，安装可拆卸、可调式低功率电加热设备。

设备的主要用途是解决了梅雨、寒冬等时段空气温湿度不适宜墨坯干燥定型的问题。非遗传承与高校专业教育结合，增强了创新活力，同时为高校学科建设带来了前所未有的机遇。

近十多年来，由于徽州地区交通便利性的大幅度提升，南北交流愈加便捷。越来越多高校邀请传承人进入课堂教学，师生团队深入徽墨生产企业进行非遗调研采风，以非遗项目作为创作和研究方向等，这相较于 20 世纪末许多徽墨研究学者只能就墨自身品质、图像探讨问题，而无法结合徽墨制作环节、技艺、环境等深入实地研究的状况来说已经发生了较大改变。

第二节 徽墨保护与创新探索

一、徽墨数据采集与存档

传统的徽墨存档方法难以精确地将文物信息保留，特别是徽墨的色彩与纹理等细节信息。在对文物数据采集时，可借助三维扫描技术高效、准确、立体地采集文物的三维信息，得到点云数据。通过去噪等处理可生成徽墨的整体结构，并且徽墨的纹理等细节也能完美表现出来，可以为文物研究、修复、再开发等提供准确的数据模型。

二、徽墨数字化展示

徽墨因其造型精美、工艺复杂，具有极高的艺术价值。墨模雕刻是造型环节的核心技艺，其精细作品雕刻难度高。目前北京故宫、徽州地区依然收藏一定数量的明清墨模。随着岁月的流逝，受到使用次数、温度、湿度以及自然氧化等的影响，造成一定程度的损坏，已经不完整或丢失，亟待修复。还有一些精品徽墨作品记录了时代的风土人情，具有较高的历史价值，但因墨模丢失已成孤品。基于这些传承、修复问题，需要借助一些现代设计手段辅助徽墨技艺传承保护。

三、3D 打印辅助古墨修复与设计

3D 打印技术具有很强的灵活性、实用性。可以为徽墨的设计开发提供一个全新的方式。例如，可以借助逆向工程快速采集徽墨的数据模型，通过 3D 打印辅助生产制造。通过这种方法突破了原有徽墨产品设计方式和加工方法，对各种结构复杂、高难度的文创品的制造也能轻松实现，带来了更广阔的创新领域。能极大地降低生产成本和开发周期，促进文创品多样性，突破原有材料和制作工艺的限制，更新徽墨文创品的设计和制作理念。

利用三维扫描仪来采集徽墨文物的三维信息，三维扫描仪集成了激光、传感器等多种先进技术，可进行非接触式测量。通过三维扫描仪获取物体的点云数据，再将物体的点云数据封装形成面片数据，从而获取了徽墨的形状轮廓，得到了被测对象的三维数字模型，提高了建模的效率和准确性。通过将点云数据、面片数据进行编辑、去噪、优化等操作，可以得到高质量徽墨三维模型。借助 3D 打印机，根据三维模型制造出实物模型，再通过后期处理、打磨、上色等操作还原出复制品，可实现古墨修复、数字存档及保存。此外，还可以根据古墨模的数据模型，借助设计软件对古墨模进行修复设计提供参考。

采用逆工程结合3D打印技术可为文物保护提供全新途径，既解决了传统徽墨修复开发过程中可能会损坏的问题，又获取了徽墨实物或墨模三维模型，实现了对传统徽墨的保护与传播。

第三节 徽墨艺术创新

徽墨传统工艺创新性设计是新时期提升徽墨工艺设计水平、培养徽墨创新性设计人才的重要举措。徽墨艺术传承应在秉承传统工艺的同时，能以符合当下需求的艺术形式对徽墨工艺进行转换与创新，培养高素质创造性转换与创新性设计人才。对徽墨传统制作工艺及成果形式进行创造性转化，既优化了传统工艺流程，又完善、拓展了徽墨传统文化的内涵，解决了徽墨传统工艺核心环节人才缺失的现状，增强了这一优秀文化的生命力。

徽墨艺术的创新以新的思维、工艺、创作和徽墨传统工艺为剖析对象，探讨徽墨新的设计风格、设计语言、设计工艺、表现手段等。针对徽墨复杂的传统工艺流程，在传承的基础上对其核心环节墨模设计进行技艺引导；针对题材陈旧等问题用创意思维开发、创造性表现进行设计创新；对徽墨的艺术表达形式、成果转换应用进行创造性转化，赋予徽墨新的时代内涵。树立对徽墨设计精益求精、精雕细琢的"工匠精神"，同时迅速提升设计水平，为创作高水平的徽墨艺术作品奠定基础。

一、徽墨纹样创新设计实践

"一帆风顺"墨的设计纹样（图 7-5）以"一帆风顺"为主题元素，提取古时传统的帆船、船体、船头的元素进行抽象转化，对称的海波纹设计增加了画面的稳重感。"定知一日帆，使得千里风"，"一帆风顺"四个字表达了人们对于工作、生活顺利的祈愿。

龙的形象是徽墨传统纹样主要内容之一，有着吉祥、如意、平安、长寿等寓意。将传统形象中龙的形象进行具体化的表达，描绘了两条龙相对、嬉玩龙珠的画面。用现代平面设计中的美学原则使中国传统文化绽放出更强的时代活力（图 7-6）。

"三阳开泰"意同"三羊开泰"，都是吉祥之意，人们大多用以称颂岁首，寓意吉祥。羊在古人的观念里是美善的象征，本设计运用柔和的曲线表达羊的形象，将中国吉祥成语用具象化的形式展现出来（图 7-7）。

图 7-5

徽墨图案设计"一帆风顺"

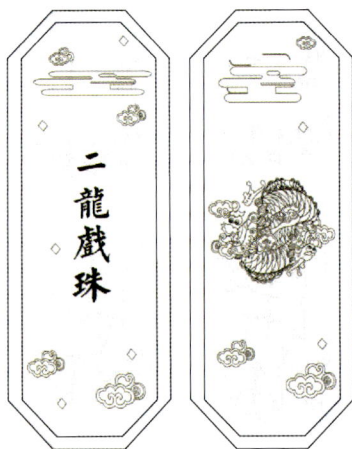

图 7-6

徽墨图案设计"二龙戏珠"

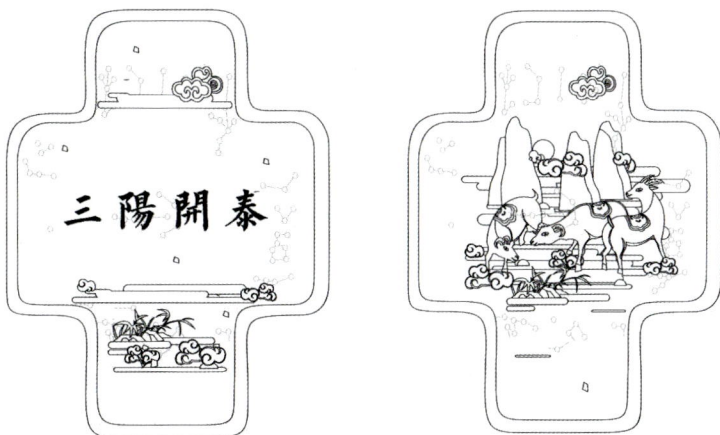

图 7-7

徽墨图案设计"三阳开泰"

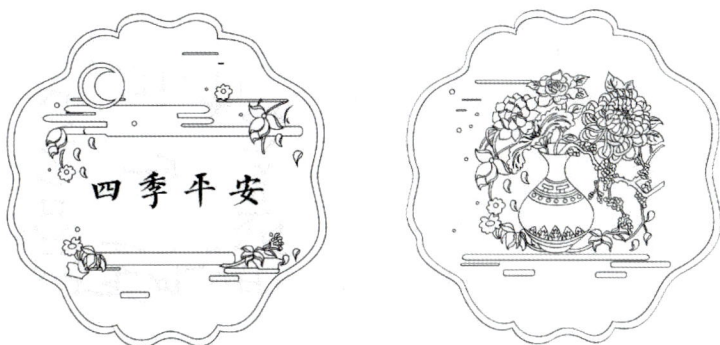

图 7-8

徽墨图案设计"四季平安"

　　作为传统的吉祥纹样，"四季平安"作品由四季花和花瓶组成，民间常作为四季美好平安的象征，"瓶"同"平"，寓意平安（图 7-8）。

传统中国吉祥成语蕴含了人们对幸福生活的殷切希望。"五谷丰登"深刻体现了中国古代辛勤的劳动人民对来年谷物丰收的美好祈愿（图7-9）。

与"鹿鹤同春"谐音，"六合同春"是指天地四方即天下万物皆春，欣欣向荣。主题为鹿和鹤组成的吉祥图案。欢腾活泼的鹿以及衔着春枝飞来的鹤，表达了人们对于春天万物复苏的美好歌颂和向往，同时也表达了鹿鹤同春的主题（图7-10）。

"七星高照"的"七星"是指"福星""禄星""寿星""月老""七政星""文曲星""武曲星"。本设计选取中国百姓喜闻乐见的福星形象用于徽墨的设计之中（图7-11）。

二、徽墨创造性设计研究——以"物恒堂"定制墨设计为例

古徽墨具有浓厚的历史记忆和文化价值，基于其特殊的文化烙印，

图 7-9

徽墨图案设计"五谷丰登"

图 7-10

徽墨图案设计"六合同春"

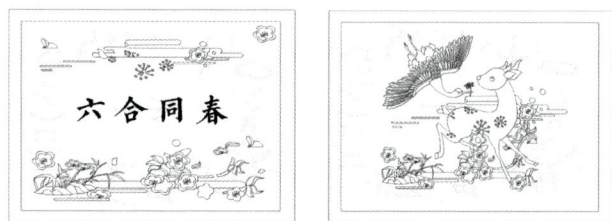

图 7-11

徽墨图案设计"七星高照"

开发现代人喜欢的日常用品、徽墨纪念品等文创产品非常符合时代的发展方向。通过三维扫描、逆向工程、3D 打印等先进技术，结合徽墨特有的内涵，设计和开发具有代表性和纪念意义的徽墨文创产品。

利用三维扫描得到文物数据，可对徽墨进行复制或设计，利用相关专业软件对文物数据模型实现再设计，开发相应的文创品，从而对徽墨文化起到传承与创新的作用。3D 打印在徽墨保护中的应用对文创品的开发思路提出了研究方案。通过数据采集并经过处理后得到其三维模型，然后利用 3D 打印快速成型。此外，可将得到的实物三维模型进行再创造，设计具有浓厚文化的文创品，结合案例说明方案的可行性，为墨模雕刻技艺保护与徽墨文创品开发提供参考。

1. 设计说明

造型设计是产品设计的核心，人们通过造型最直观地去接触、了解产品，所以造型设计对产品的外在表现尤为重要。通过各种不同的造型体现集锦墨的特点，其造型会更加丰富、独特，内容更加新颖。以徽州"物恒堂"定制墨为例，墨的形式多样，有圆形、方形、扇形等不同外观轮廓，纹饰雕刻灵感来源于徽州传统民居中的木雕纹样。

此套定制墨设计以"物恒堂"为主题，借鉴了"物恒堂"古建筑室内外装饰元素进行设计。将"物恒堂"建筑的木雕装饰元素应用到徽墨设计之上，将徽州三雕艺术与徽墨相融合，使徽墨更具文化特色。不仅使其内容题材上得到充实，而且具有吉祥的寓意。

此套徽墨内容题材包括建筑、花鸟虫鱼、名家书法和传统文化的元素。使传统文化得到传播的同时也赋予了这套徽墨深层次的文化底蕴，提升了这套产品的文化价值。

在色彩设计上采用了诸多色彩鲜明且具有代表性的颜色，金色象征着高贵、辉煌、荣耀、光明等，是一种具有积极意义的色彩，将其应用到徽墨描边以及文字装饰上，使得定制徽墨更加精致、高雅。朱砂色具有开运、辟邪、祈福、镇煞等寓意。此外还有藤黄、曙红、三绿、赭石、酞菁蓝等色彩设计应用，都是徽墨传统饰彩工艺中常用的色彩。

图 7-12

墨图方案 1 设计草图

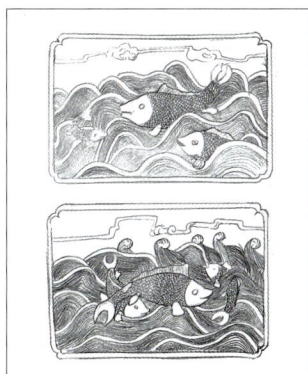

图 7-13

墨图方案 2 设计草图

图 7-14

墨图方案 3 设计草图

图 7-15

墨图方案 4 设计草图

2. 设计灵感

在进行定制墨设计时首先要分析徽州"物恒堂"民宿文化的外在表现和内在表现，其次从具象的元素中捕捉到具有最显著特征的含义并在此基础上加以创造性转变。

灵感来源一：《书家必携》中的"思其艰以图其易，言有物而行有恒"，意思是说思考的过程很困难，得到的结果才是简单而有效的；言语、行动必须要有所依据和规定（图 7-12）。

灵感来源二：以"物恒堂"室内装饰题材之一徽州木雕中的"鱼跃龙门"为主题，将鲤鱼跃龙门的形象雕刻在徽墨上。除此之外，还有不同的内容题材，以西湖建筑风景为题，将徽州木雕中的西湖美景雕刻于徽墨之上，还可以将具有当地代表性的地标作为当地徽墨旅游文创产品（图 7-13）。

灵感来源三：将名家书写的"以德为本，以云焕彩"为雕刻内容题材设计，其中"以德为本"出自《庄子》，曰"以天为宗，以德为本，以道为门，兆于变化，谓之圣人"。书法家题写的"言有物而行有恒，思其艰而图其易"进行文字墨设计（图 7-14）。

灵感来源四：徽州地区民俗文化特色徽州三雕中的吉祥纹样，如平（瓶）添富贵、平（瓶）添福寿等，瓶中有一束盛开的牡丹花，寿桃的寓意是平安富贵、平安福寿（图 7-15）。

3. 设计软件创新应用

将计算机技术及软件应用到现代徽墨的制作过程中，首先建立三维立体模型，通过打印机断层扫描的逆过程将设计的徽墨打印出来，提供模具实物参考，可有效减少墨模制作的人工成本。通过 3D 打印技术实现现代工艺生产方式与传统徽墨雕刻方式相结合，为传统墨模手工制作提供有效参考。

　　3D 打印这一创造性设计在定制徽墨生产的过程中能够更快地实现并检验定制徽墨产品。推动实现个性化徽墨的规模化生产，将建模以及 3D 打印与徽墨的创新性设计制作更完美地结合，推动中华优秀传统文化向创造性设计方向发展，这对徽墨传承与发展也是一种新的尝试。

4. 草图及效果图

　　草图和效果图见图 7-16 至图 7-18。

墨图方案 5

墨图方案 6

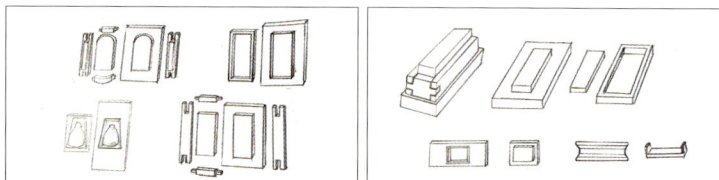

墨图方案 7　　　　　　墨图方案 8

图 7-16

设计草图

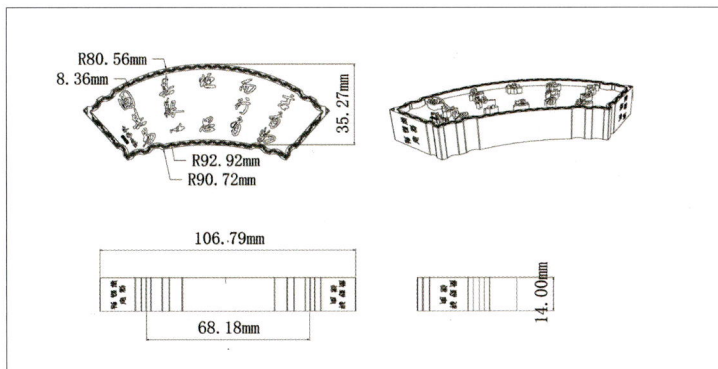

设计三视图 1

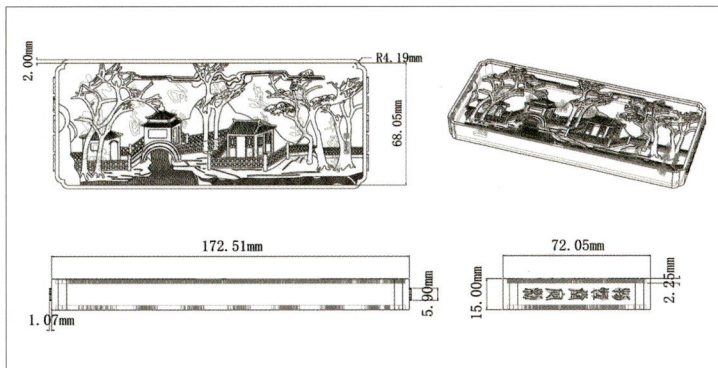

设计三视图 2

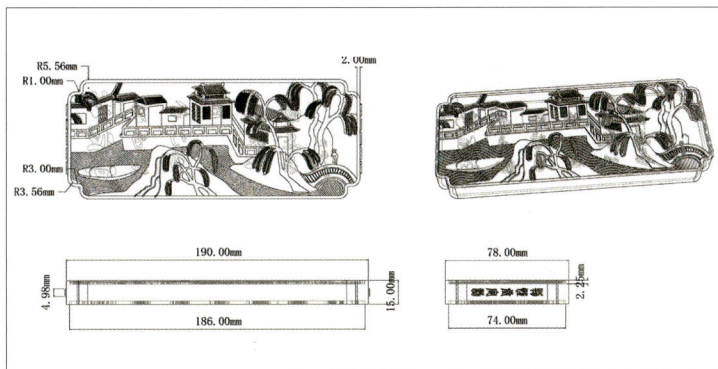

设计三视图 3

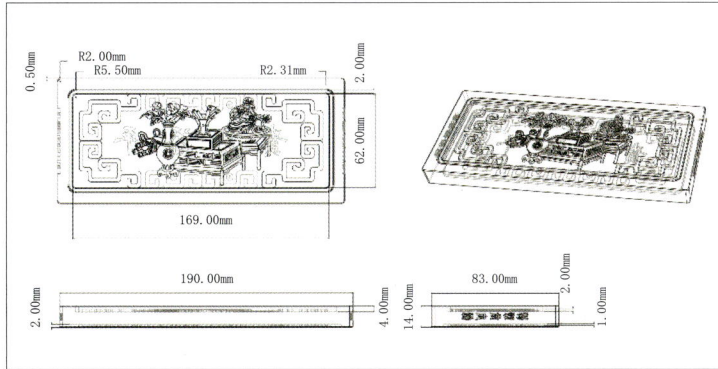

图 7-17

CAD 设计三视图　　设计三视图 4

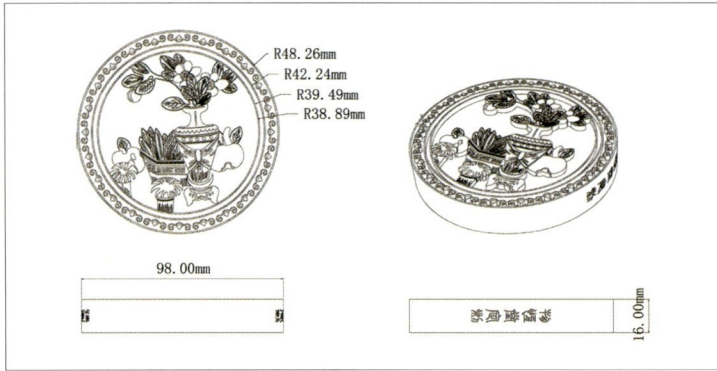

设计三视图 5

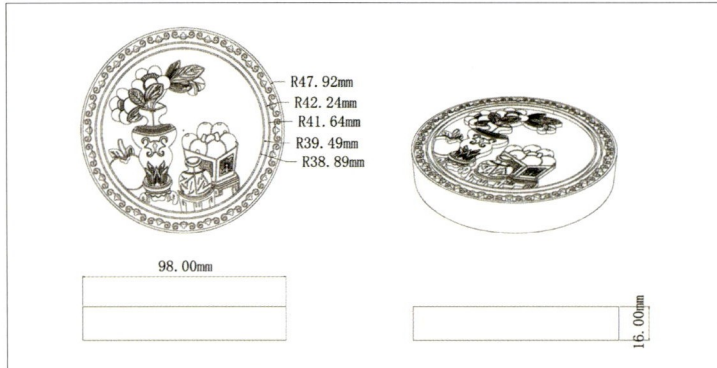

设计三视图 6

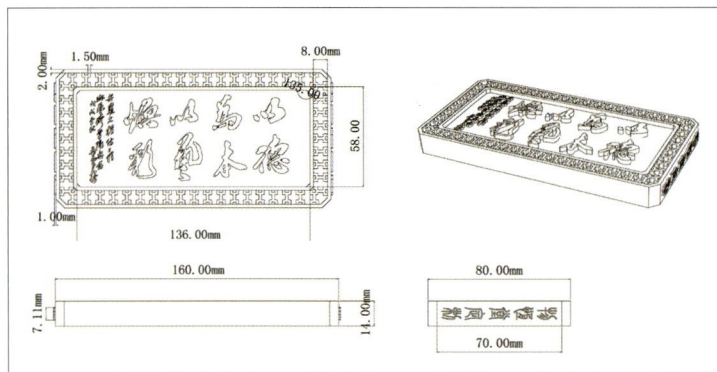

设计三视图 7

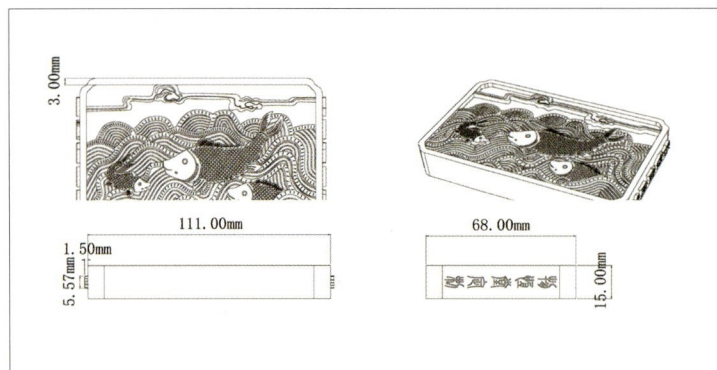

图 7-17

设计三视图 8

CAD 设计三视图（续）

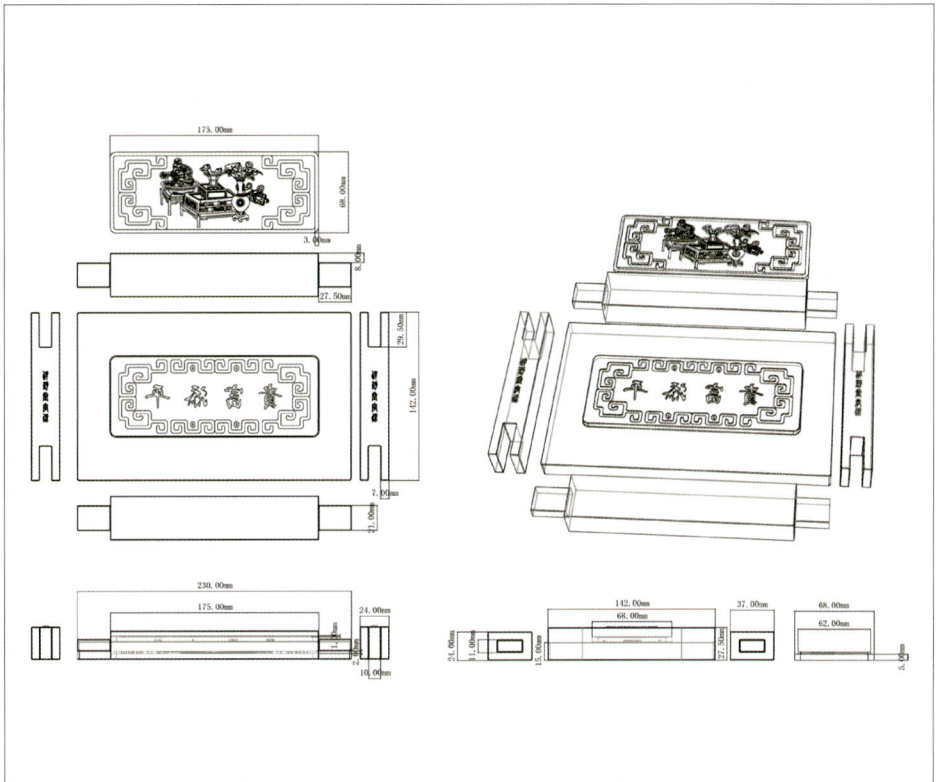

墨模设计三视图

图 7-17

CAD 设计三视图（续）

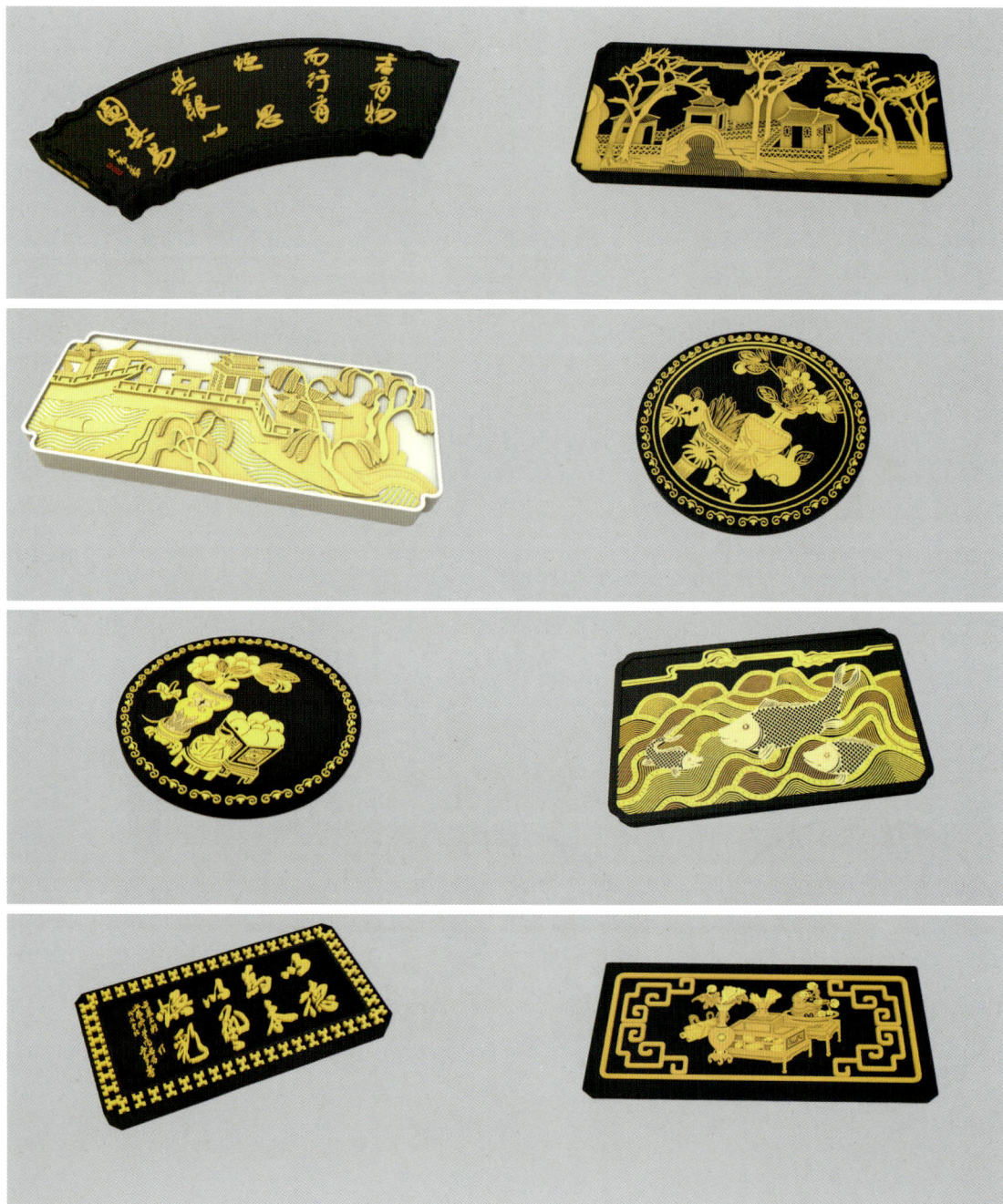

图 7-18

3D 效果图

图 7-18

3D 效果图（续）

5.模型制作

模型制作见图 7-19 至图 7-22。

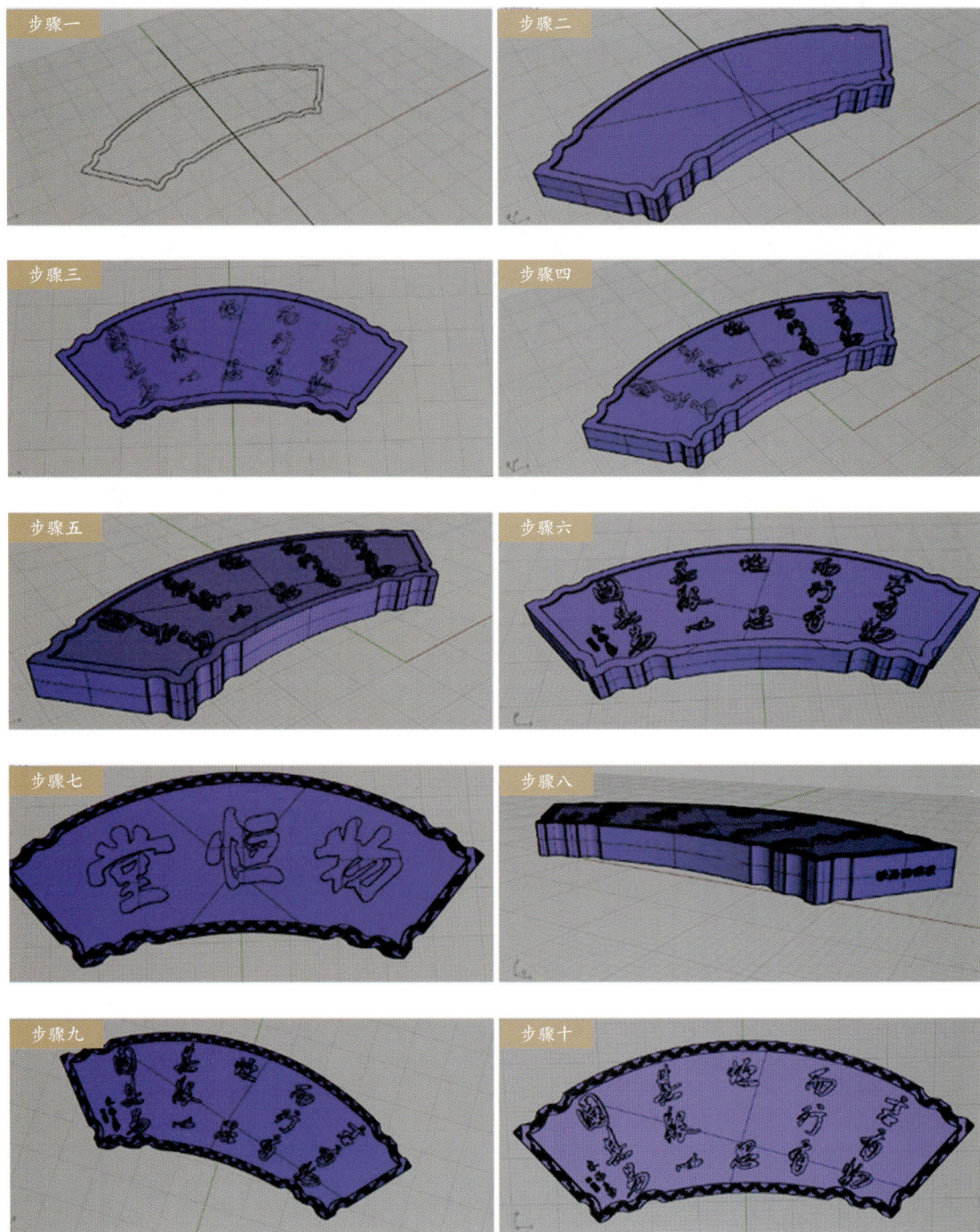

步骤一	步骤二
步骤三	步骤四
步骤五	步骤六
步骤七	步骤八
步骤九	步骤十

图 7-19

实物建模步骤分解示例

图 7-20

3D 打印制作分解示例

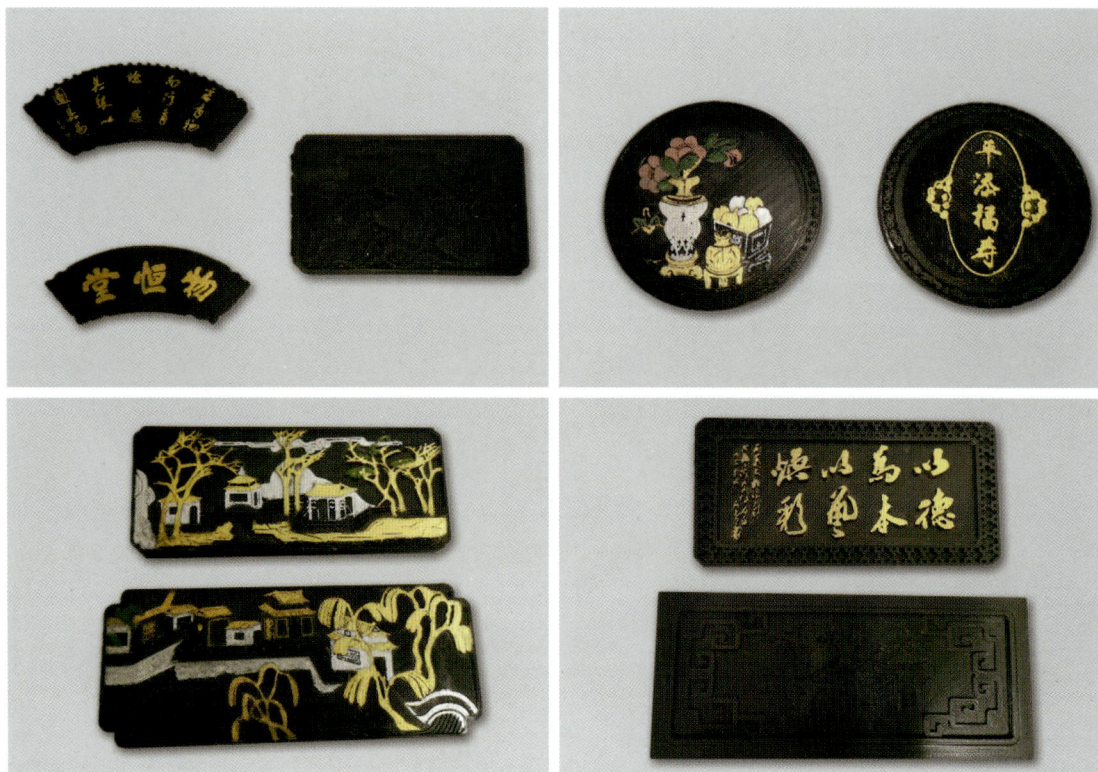

图 7-21

3D 打印实物模型

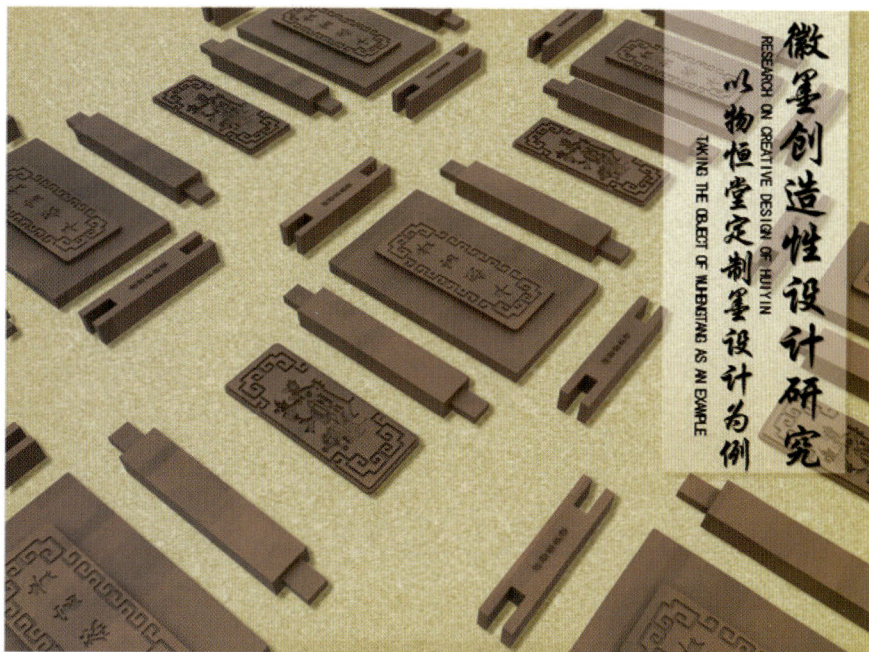

物恒堂定制墨模细节展示
WU HENG TANG DING ZHI MOMO SHOW DETAILS

⑤ 正版：雕刻手法为阴刻，物恒堂民宿室内外装饰题材为内容设计
⑥ 背板：雕刻手法为阳刻，有"平添富贵"字样和吉祥枝样
② 上边版：有小篆字体"物恒堂定制墨"字样
① 右边版：起始定模型作用

物恒堂定制墨模手绘草图
WU HENG TANG DING ZHI MOMO HAND DRAWN SKETCH

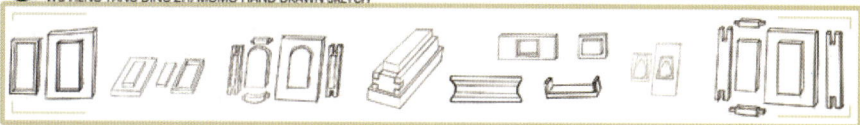

物恒堂定制墨模设计说明
WU HENG TANG DING ZHI MOMO DESIGN NOTES

　　此次物恒堂定制墨的墨模设计是结合徽州物恒堂民宿文化的外在表现和内在表现，从具象的元素中提取到具有最显著特征的含义并在此基础上加以创造性转变。3D打印这一创造性设计在定制徽墨生产的过程中为能够更快的实现并检验定制徽墨产品。3D打印可以实现个性化私人订制徽墨的规模化的生产，将3D建模以及3D打印的创造性设计形式更完美的与徽墨的创新性设计制作相结合，推动着中国优秀传统文化向创造性设计和智能化方向发展，这对现代定制徽墨也是一种新的突破。

物恒堂定制墨模CAD尺寸图
WU HENG TANG DING ZHI MOMO CAD SIZE CHART

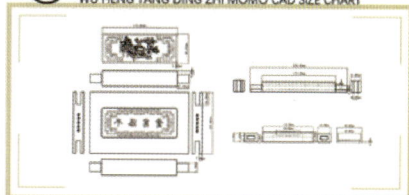

图 7-22

物恒堂定制墨设计

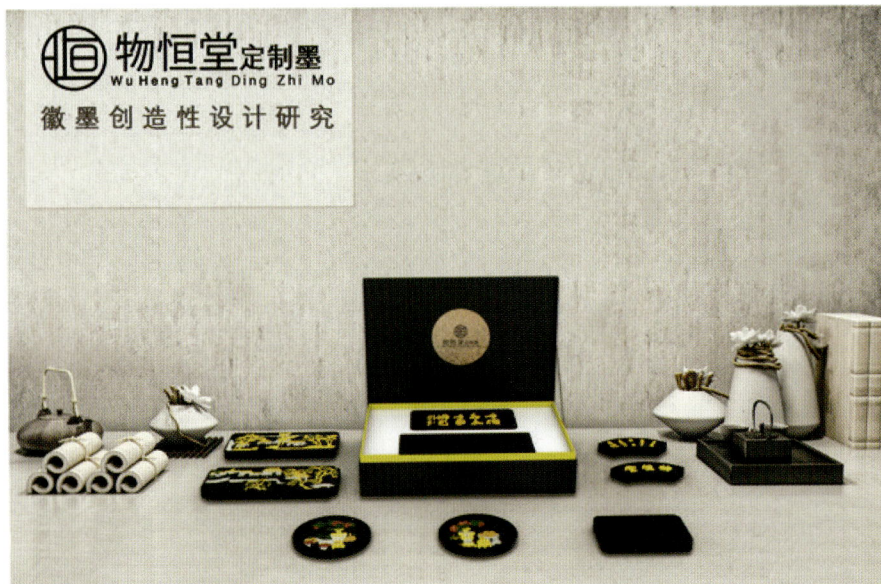

物恒堂定制墨
Wu Heng Tang Ding Zhi Mo
徽墨创造性设计研究

ⓘ 物恒堂定制墨配色方案
WU HENG TANG DING ZHI MO COLORING SCHEME

钛白　赭石　栖霞　朱磦　曙红　朱砂　藤黄　三绿　三青　花青　酞青蓝　墨黑

ⓘ 物恒堂定制墨细节展示
WU HENG TANG DING ZHI MO SHOW DETAILS

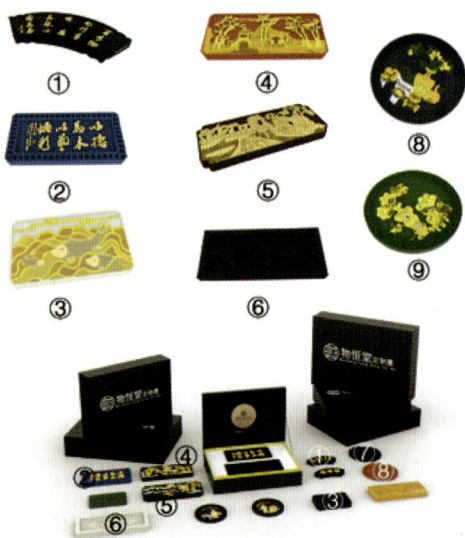

① ④ ⑧ ② ⑤ ③ ⑥ ⑨

ⓘ 物恒堂定制墨CAD尺寸图
WU HENG TANG DING ZHI MO CAD SIZE CHART

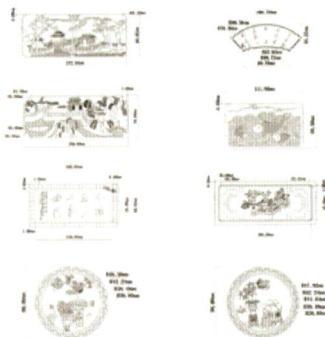

ⓘ 物恒堂定制墨设计说明
WU HENG TANG DING ZHI MO DESIGN NOTES

随着人们生活水平的提高，对徽墨的需求也不仅仅局限在书画，对其文化价值和造型设计都有更高的要求。本次设计的主要是以徽州物恒堂民宿定制墨设计为例。以徽州地域文化及物恒堂古建筑室内外装饰题材为设计元素，在传统的墨模雕刻和徽墨制作的工序上采用了3D建模和3D打印技术。以传统与现代相结合的方式来替代纯手工雕刻技术，为推动中国优秀传统文化的创造性转化与创新性发展提供新的思路，具有一定的市场前景和社会意义。

ⓘ 物恒堂定制墨手绘草图
WU HENG TANG DING ZHI MO HAND DRAWN SKETCH

图 7-22

物恒堂定制墨设计
（续）